Carl Trueman afirma la fe evang  claridad y con excelente criterio. La inspiración y la autoridad de las Escrituras, la expiación, la justificación, la importancia de la teología sistemática y de los credos y confesiones históricas de fe, reciben aquí una afirmación rotunda. El Dr. Trueman teme que en el momento en que nuestro loco mundo necesita más que nunca el Evangelio completo, éste se está debilitando seriamente por la influencia del posmodernismo, el consumismo y la pérdida del sentido de la historia, tanto en la iglesia como en la academia cristiana. El autor se alegrará si estos ensayos le hacen pensar, pero se alegrará aún más si le convencen de que piense -y actúe- como un evangélico sin vergüenza o complejos.

Paul Helm
Becario de enseñanza, Regent College, Vancouver

Carl Trueman abre las ventanas oscuras de la superficialidad que se han cerrado en la Iglesia Evangélica Occidental del siglo XXI para permitir que la brisa fresca y vigorizante del pensamiento evangélico robusto haga su trabajo revitalizador. El Dr. Trueman no teme dejar pasar ninguna idea o práctica contemporánea sin cuestionar, por muy santificada que esté por el consenso "evangélico". Pero este libro no se trata de la teología barata de las revistas para vender o periódicos amarillos. Por el contrario, se trata de un análisis y un comentario cuidadoso y bien pensado, profundamente fundamentado en la teología bíblica y reformada, que se aplica con una claridad y precisión refrescantes. El Dr. Trueman tiene el ingenio de un Chesterton evangélico moderno, la visión profética de un Francis Schaeffer y la accesibilidad de un John Stott. Este es un libro para leer y releer. Es un "tratado para nuestros tiempos" muy necesario.

Melvin Tinker
Vicario, Iglesia Parroquial de San Juan, Newland, Hull, Inglaterra

Los libros que son recopilaciones de ensayos no dependen tanto del tema como del autor para atraer nuestro interés. No puedo pensar en un escritor y teólogo evangélico cuyas obras lea con más ganas que las de Carl Trueman.

Mark Dever
Pastor principal de la Iglesia Bautista de Capitol Hill, Washington, D.C.

Los escritos de Carl Trueman se han convertido en un tema de conversación, y con razón, ya que abarcan la amplitud de los intereses evangélicos y reformados, los locos y los cuerdos, en un estilo totalmente propio. Sin perder nunca la oportunidad de tomarse las cosas con un sentido del humor, su ingenio y perspicacia se combinan para analizar y (si se me permite citar un Trekky-ismo) "ir donde ningún hombre ha ido antes". Este libro es una lectura esencial, incluso si algunos de los golpes llegan a casa con demasiada facilidad. La iglesia necesita este análisis profético de nuestras iglesias y organizaciones egocéntricas.

Derek W. H. Thomas
Ministro de Predicación y Enseñanza,
Primera Iglesia Presbiteriana, Columbia, Carolina del Sur

Carl Trueman se ha dado a conocer en los últimos años como historiador académico, tomando la antorcha de estudiosos como Richard Muller y llevándola más allá. Su esmerada y muy rigurosa erudición ha sido de gran utilidad para los evangélicos que trabajan en los períodos de la Reforma y la post-reforma. La primera parte del libro es de este orden. En la segunda parte del libro, sin embargo, Trueman se libera, abandona las cortesías del debate académico moderno y se desata. Aquí tenemos reflexiones breves, agudas y emocionantes sobre todo, desde el canto de los salmos hasta el debate sobre los homosexuales dentro de la Iglesia. Sus brillantes caricaturas e hilarantes asideros no desvirtúan su cuidadosa reflexión, sino que contribuyen a demostrar una sabiduría y una claridad muy necesarias hoy en día. Este libro le será entretenido de leer, y le educará.

A.T.B. McGowan
Ministro, Iglesia de Escocia del Este, Inverness, Escocia

Una de las afirmaciones centrales de Carl Trueman en este libro es la importancia de las palabras. Dios es un Dios personal, que habla, y se nos revela tanto en la Palabra encarnada como en la Palabra escrita de las Escrituras. Las palabras están en el corazón de la teología de la Reforma y en el corazón de toda piedad verdadera. Esta colección de ensayos y observaciones muestra que el autor no sólo reconoce estos hechos, sino que los emula: como maestro de la Palabra él mismo, su enfoque de una variedad de temas demuestra su deseo y capacidad creativa para aplicar la totalidad de la Biblia a la totalidad de la vida. Este libro le desafiará, estimulará, informará y enseñará. Contiene una gran riqueza de sabiduría en un pequeño compás, y confirma el lugar del Dr. Trueman como uno de los teólogos más dinámicos del evangelicalismo contemporáneo.

Iain D. Campbell
Ministro, Point Free Church of Scotland, Isla de Lewis, Escocia

EL SALARIO DE LAS PIRUETAS

*Escritos críticos sobre
el evangelicalismo histórico
y contemporáneo*

TEOLOGÍA PARA VIVIR
Fe y Palabra

CARL R. TRUEMAN

**Impreso en Lima
Perú**

EL SALARIO DE LA PIRUETAS

Autor: © Carl R. Trueman

Traducción: Elson Y. Gutierrez

Revisión de traducción: Jaime D. Caballero

Diseño de cubierta: Billy Jerry Gil Contreras.

Revisión de estilo y lenguaje: Elson Y. Gutierrez

Serie: Fundamentos para la Interpretación Histórica

Publicado originalmente en ingles bajo el título: *The Wages of Spin: Critical Writings on Historic and Contemporary Evangelicalism* @2004 Christian Focus Publications Ltd, Ross-shire, Great Britain. Todos los derechos reservados.

Editado por:
©TEOLOGIAPARAVIVIR.S.A.C
José de Rivadeneyra 610. Urb. Santa Catalina, La Victoria.
Lima, Perú.
ventas@teologiaparavivir.com
https://www.facebook.com/teologiaparavivir/
www.teologiaparavivir.com
Primera edición: Marzo de 2022
Tiraje: 1000 ejemplares

Hecho el Depósito Legal en la Biblioteca Nacional del Perú, N°: 2022-02415
ISBN: 978-612-5034-31-1

Se terminó de imprimir en marzo de 2022 en:
ALEPH IMPRESIONES S.R.L.
Jr. Risso 580, Lince
Lima, Perú.

Prohibida su reproducción o transmisión total o parcial, por cualquier medio, electrónico, impreso, auditivo, visual, etc, sin permiso escrito de la editorial. Las citas bíblicas fueron tomadas de las versiones *Reina Valera* de 1960, y de la *Nueva Biblia de los Hispanos,* salvo indique lo contrario en alguna de ellas.

TABLA DE CONTENIDOS

DEDICATORIA

Rev. Iver Martin
Dr. Ian R. Macdonald

Y

'El Coronel'
Donald Matheson

INTRODUCCIÓN

Todos los ensayos y artículos más breves de este volumen proceden del trabajo que he realizado durante los últimos cinco o seis años para diversos grupos evangélicos de Gran Bretaña y Europa, y por tanto representan una mezcla algo ecléctica, que trata de temas que van desde la televisión hasta el culto de adoración. Si tienen una unidad, quizá sea la que proporciona mi preocupación por evitar vender nuestro derecho de nacimiento evangélico a cada viento de crítica cultural o nueva idea de moda que se nos presente hoy. Estoy convencido de que el cristianismo, como religión histórica, necesita escuchar muy atentamente a su historia para construir sobre los puntos fuertes del pasado y evitar la repetición de los errores del pasado.

También poseen una unidad por mi deseo de provocar siempre a los lectores no sólo para que piensen por sí mismos sino, sobre todo, para que tengan una opinión clara sobre las cosas que verdaderamente importan. Hoy en día, demasiadas personas se sientan en la valla moral y teológica; muy pocas tienen opiniones firmes sobre algo. Por eso, a menudo el debate teológico y eclesiástico en los círculos evangélicos se desarrolla por defecto, sin que nadie tenga convicciones suficientemente claras sobre nada como para entablar un verdadero debate.

A esto no contribuye, por supuesto, la creciente tendencia en los círculos evangélicos a imitar la cultura de "fideos con espinaca" estadounidense que considera que el desacuerdo con cualquier persona sobre cualquier cosa en nuestro mundo supuestamente posmoderno es siempre inherentemente opresivo. Algunos evangélicos, de hecho, parecen pensar que todo el sentido de tener un debate es, bueno, sólo tener un debate, una conversación, y luego estar de acuerdo en diferir mientras todos nos sentamos a tener una fiesta de amor mutuamente afirmativa y autocomplaciente. ¡Yo digo que ese punto de vista sobre el propósito de un debate es una completa tontería! Como habría dicho el difunto Frankie Howerd: "¡No, no, tres veces no!".[1]

El objetivo de un debate, como Pablo demuestra tan claramente una y otra vez en el Libro de los Hechos, es establecer qué posición es la mejor; y sí, yo sigo siendo tan irremediablemente esclavo del modernismo, como sin duda alegarán mis críticos relativistas, como para creer que algunas posiciones (por ejemplo, sacrificar a mis hijos a Moloc) no son tan buenas como otras (por ejemplo, educarlos para que amen y teman al Señor), sin importar en qué parte del mundo te encuentres ni a qué cultura pertenezcas. Por eso escribo como lo hago. Ama lo que digo, odia lo que digo, cualquiera de las dos respuestas es aceptable; pero por favor, intenta no ser indiferente a lo que digo. La indiferencia, esta plaga de la cultura occidental moderna en general, y del evangelicanismo occidental en particular, es, en el mejor de los casos, el resultado de la pereza intelectual, y en el peor, un signo de abdicación moral.

Por supuesto, mi propio pensamiento ha cambiado mucho a lo largo de los años. Sólo un tonto no cambia de opinión en nada. Creo que ahora comprendo mucho mejor las cuestiones

---

[1] Frankie Howerd (1917-1992) fue un actor y humorista británico, cuya carrera se prolongó a lo largo de seis décadas. Famoso por sus comedias y parodias.

transculturales y sociales implicadas en la empresa teológica. La emigración a los Estados Unidos y las conversaciones con mis colegas del Westminster Theological Seminary-PA, como Manny Ortiz, Jeff Jue, Bill Edgar, Richard Gaffin, Stafford Carson, Susan Post y Scott Oliphint, me han permitido apreciar la tradición reformada y su lugar en el mundo moderno mejor que cuando escribí la mayoría de estos artículos.

Sin embargo, a pesar de todas las lagunas que veo ahora al releerlos, sigo manteniendo lo que estos artículos dicen en esencia; y sigo pensando que una combinación de lenguaje sencillo, exageración ocasional y humor negro es la mejor manera de provocar que la gente piense por sí misma. Siempre me ha servido en el aula con los estudiantes y espero que lo haga aquí.

Muchos de estos ensayos empezaron como charlas para grupos de estudiantes universitarios o artículos para *Themelios*, la revista teológica para estudiantes de teología que edito para la UCCF (Universities and Colleges Christian Fellowship) desde 1998. Espero que sean intelectualmente estimulantes. Sin embargo, no presento ninguno de ellos como piezas de erudición pulidas; son más bien salvas introductorias y golpes periodísticos a algunas de las cuestiones más apremiantes para la escena evangélica británica en este momento.

La profundidad de la bibliografía y de las notas a pie de página varía; y aquellos que busquen un debate más profundo sobre muchas de las cuestiones planteadas, especialmente en la primera parte, deberían buscar las referencias que doy para profundizar en los temas en cuestión, pero sin asumir que mis notas les proporcionan un aparato crítico académico exhaustivo. Estos ensayos son direcciones para estudiantes que desean un estímulo y una orientación en el inicio de su vida como cristianos

4 ESCRITOS CRÍTICOS SOBRE EL EVANGELICALISMO

y teólogos principiantes, y eso ha determinado la forma en que están escritas.

Muchos cristianos y amigos me han ayudado a pensar en estos temas a lo largo de los años, demasiados para mencionarlos aquí; pero debo mencionar a mi esposa Catriona y a mis dos hijos, John y Peter, ninguno de los cuales puede leer aún una palabra de lo que escribo, pero cuya paciencia con mis no infrecuentes ausencias de casa por asuntos teológicos ha hecho que todo esto sea posible.

Martin Kenunu, amigo íntimo y gran erudito, que amablemente comentó un borrador anterior. Simon Gathercole, Daniel Strange y los demás Young Turks de *Themelios* con los que he disfrutado tanto trabajando a lo largo de los años, y que conocen la importancia de divertirse y de no tomarse a uno mismo -ni a nadie, por cierto- demasiado en serio cuando se trata de teología.[2]

Bob Horn y Ranald MacAulay, que han sido fuentes de estímulo y sabiduría; y también -quizás especialmente- Elizabeth Fraser, cuya paciencia con todos los que participamos en RTSF (Religious and Theological Students Fellowship) es notable, cuyo trabajo diligente para *Themelios* es tan valioso, y cuyas constantes oraciones por todo el equipo han sido una tremenda bendición.

Por último, el libro está dedicado al Rev. Iver Martin, mi antiguo pastor en Aberdeen, ahora ministro de la Iglesia Libre de Escocia en Stornoway, y también al Dr. Ian R. Macdonald, el secretario de la sesión de Aberdeen, conocido por todos

---

[2] "Young Turks", o "jóvenes turcos" es una expresión usada en Inglaterra para referirse a alguien con posturas radicales o revolucionarias. Trueman usa la frase aquí en referencia a sus colegas en un sentido figurativo, no literal.

cariñosamente como 'Dr. Ian', y al Sr. Donald Matheson, 'el Coronel', anciano en la Iglesia Libre de Escocia y mentor de generaciones de estudiantes de la Iglesia Libre de Aberdeen. Se trata de hombres cuya humildad, erudición, amistad y sólido testimonio piadoso cristiano han significado para mí y para mi esposa, Catriona, a lo largo de los años más de lo que puedo expresar. Este libro se ofrece como una pequeña muestra de mi estima, afecto y gratitud.[3]

Carl R. Trueman
Enero de 2004

---

[3] Sobre el titulo del libro *El Salario de las Piruetas*, Carl Trueman comenta:

El titulo es un intento de obtener una risa fácil jugando con la idea de la frase la "paga o salario del pecado" (Ro. 6:23) y recogiendo el lenguaje contemporáneo de "giro", pero también quería hacer un punto serio que gran parte de lo que pasa por el evangelicalismo moderno es un giro o volantín en cierta medida. Las palabras en la actualidad se utilizan de una manera que no se ha utilizado tradicionalmente, y las ideas se tergiversan, y se hilan, para adaptarse a las agendas particulares. Quería indagar un poco en eso. Y al decir esto, ciertamente no me eximo de dar vueltas, creo que es algo que como pecadores, si se quiere, todos somos propensos a hacer en cierta medida cuando hablamos.

El titulo original del libro en ingles es *The wages of spin*, lo cual es un juego de palabras, que suena en ingles de manera similar a la frase de Romanos 6:23, "The wages of sin" (La paga del pecado). El punto del libro es la manera como el evangelicalismo contemporáneo ha tomado cosas que "suenan" evangélicas, pero les han dado un volantín, un giro o una pirueta, de tal manera que aún suenan evangélicas, pero en realidad no lo son. Es un juego de palabras, refiriéndose a que de la misma manera que "la paga del pecado" (the wages of sin) es la muerte, "la paga de las piruetas" (the wages of spin", también ha sido el decaimiento espiritual de la iglesia. Como el lector puede apreciar, la traducción del titulo es difícil en español, por lo cual la decisión ha sido de conservar lo más posible una traducción literal del ingles, y explicar el sentido original del mismo.

PRIMERA PARTE:
ENSAYOS
EVANGÉLICOS

CAPÍTULO 1: EL RECONOCIMIENTO DEL PASADO EN UNA ÉPOCA ANTIHISTÓRICA

Mientras preparaba este ensayo, me acordé del primer número de la revista inglesa *The Evangelical Quarterly,* que se publicó en enero de 1929 como parte de un intento concertado de articular la fe cristiana histórica en tiempos que no eran especialmente adecuados para ello.[1] En la contraportada de ese primer número hay una serie de nombres de quienes habían aceptado escribir los ensayos para la revista. Entre los nombres figuran los de los profesores Ridderbos y Schilder de Kampen.

La presencia de sus nombres en esa lista dice mucho sobre el constante deseo ecuménico evangélico de los teólogos reformados de todas las épocas de propagar su fe de manera inteligente y articulada; sobre su deseo de combatir la herejía y,

---

[1] Este capítulo fue impartido originalmente como conferencia en la Universidad Teológica de Kampen a la Gereformeerde Kerken (Vrijgemaakt) en junio de 2001.

al mismo tiempo, entablar un diálogo de buenas maneras con aquellos con los que no están de acuerdo.[1] Hubiera sido muy oportuno para este ensayo que la declaración programática sobre la fe reformada que contenía el primer número de esa revista hubiera sido escrita por un teólogo holandés; y desde mi perspectiva personal, si yo hubiera sido el editor, ciertamente lo habría dispuesto así, pero, de hecho, ese honor se le concedió a un estadounidense, Caspar Wistar Hodge Jr. (1870-1937).

En un ensayo de unas veinte páginas, Caspar Hodge expuso los principios básicos de la fe reformada en un contexto que mostraba tanto su conocimiento de sus orígenes y énfasis históricos como las crisis inminentes a las que se enfrentaba. De hecho, sus observaciones sobre la estrella suiza en ascenso, Karl Barth, nos ofrecen una visión de las primeras respuestas ortodoxas a la nueva teología Barthiana. Más que eso, sus observaciones nos recuerdan que 1929 fue un punto de transición en la historia de la teología reformada, un momento en el que un gran cambio estaba a punto de barrer con el mundo reformado. En el párrafo final, Hodge hace el siguiente comentario:

> Sin duda, esta Fe Reformada está sufriendo un gran declive en el mundo teológico actual. Lo que ahora se ha denominado la "primavera reformada en Alemania" no podemos considerarlo como la hija legítima de la Fe Reformada clásica. En Escocia los nombres de grandes teólogos como William Cunningham y Thomas Crawford ya no ejercen la influencia que desearíamos. En los Estados Unidos de América, la influencia de Charles

---

[1] El término "reformado" se utiliza a lo largo de este ensayo para referirse a la tradición de la teología que intenta situarse conscientemente en la tradición de pensamiento personificada por los antiguos credos de la Iglesia y las confesiones y catecismos de la Reforma y post-reforma.

Hodge, Robert Breckinridge, James Thornwell, Robert
Dabney, William G.T. Shedd y Benjamin Warfield parece
haber desaparecido en gran medida.

Esta lista se lee casi como un obituario metafórico de la teología
reformada, siendo como es una letanía de teólogos reformados
muertos, con Warfield, el más recientemente fallecido, habiendo
estado muerto en ese momento durante ocho años. Si Hodge
hubiera tenido un enfoque menos angloamericano, podría haber
añadido también los nombres de Abraham Kuyper y Herman
Bavinck, que murieron en 1920 y 1921 respectivamente. Los
tiempos estaban cambiando y, en retrospectiva, podemos ver que
1929, que fue testigo de una reorganización completa del
Seminario Teológico de Princeton y del fin del confesionalismo
clásico en esa institución, fue un punto de inflexión histórico para
la teología reformada.

Volveré al artículo de Hodge más adelante. Lo que quiero
hacer en este artículo es argumentar que, una vez más, la teología
reformada confesional, junto con sus parientes cercanos del
luteranismo confesional y el evangelicanismo conservador, se
encuentra en una encrucijada crucial en su historia; y que los
primeros años del siglo XXI presentan al mundo cristiano
ortodoxo en general una serie de serios desafíos a su teología y
su identidad eclesiástica.

Quiero argumentar que la única esperanza para esa teología
ortodoxa, y para las iglesias que dan expresión visible a esa
teología, radica en la capacidad -o más bien en la voluntad- de
quienes reclamamos el nombre de cristianos de ser lo que siempre
deberíamos ser. Es decir, exponentes de un movimiento
contracultural que encuentra sus normas y su propósito no en una
asimilación a la cultura más amplia, sino en la recuperación de su
propio carácter distintivo.

Tendencias antihistóricas

El aspecto de la vida moderna que quiero destacar como una de las amenazas más importantes para la fe reformada es la tendencia del mundo moderno a ser antihistórico. Con esto me refiero a la aversión de los hombres y mujeres modernos a la tradición y a la historia como fuente de sabiduría e incluso de autoridad. En un mundo en el que incluso el lenguaje que se utiliza refleja la sospecha profundamente arraigada de cualquier cosa que sea antiguo y la adulación de la mayoría de las cosas nuevas, esto es difícilmente una afirmación controversial. Sin embargo, tiene una enorme importancia para la Iglesia y la teología.

Antes de entrar en un análisis más profundo de este problema, debemos reconocer primero que es demasiado fácil para quienes se pasan la vida estudiando ideas y conceptos sobrestimar el papel de los intelectuales autoconscientes en la creación de esta atmósfera antihistórica. Cuando los estudiantes, en la atmósfera enrarecida de las bibliotecas universitarias, leen sobre las tendencias antihistóricas, muchos echan mano instintivamente de sus libros de texto de filosofías antihistóricas y de sus libros introductorios al método deconstructivo.

Sin embargo, hacer esto es exponerse al error de ver el problema de la importancia de la historia simplemente como una crisis del *método* intelectual y de la filosofía. Ciertamente, en ciertos contextos debe considerarse como tal. Pero, como ocurre a menudo en la historia de las ideas, un problema que parece manifestarse como primordialmente filosófico e intelectual puede tener raíces profundas en el entorno cultural más amplio.

Debemos ser conscientes de que vivimos en un mundo en el que, para la mayoría de la gente, las marcas del diseño de la ropa, las tarjetas de crédito y la píldora anticonceptiva tienen una importancia mucho más relevante y decisiva para sus vidas diarias que los cuadernos filosóficos de notas en la cárcel de Antonio Gramsci (1891-1937) o las reflexiones de Michel Foucault (1926-1984). En otras palabras, para entender el mundo en el que vivimos, no sólo debemos hacer una genealogía intelectual para establecer las raíces filosóficas del mundo moderno, sino que también debemos ampliar nuestro análisis para involucrarnos en la sociología del conocimiento más amplio de la sociedad. Por ello, lo que sigue no se limitará únicamente a la historia de las ideas tal y como se concibe tradicionalmente, sino que también examinará el panorama más amplio de la sociedad.

Las raíces intelectuales de la tendencia antihistórica moderna se encuentran en la Ilustración de los siglos XVII y XVIII. Tanto en la tradición continental como en la angloamericana, es evidente que la retórica de lo nuevo y de lo novedoso se asocia rápidamente con lo mejorado y lo mejor. Mientras que la última cosa que deseaba un teólogo del siglo XVI o anterior era ser acusado de novedad o innovación, en la época de la Ilustración una visión iconoclasta de la historia y la tradición se consideraba parte integral de la liberación de la humanidad de la esclavitud y la oscuridad a la que había estado sometida. Así, Voltaire, Kant y compañía se complacían en verse a sí mismos como partícipes de una "ilustración" y rodeaban su obra con el lenguaje de la libertad, mientras desechaban a sus predecesores como escolásticos, oscurantistas y habitantes de la edad oscura.

Esta tendencia intelectual hacia la exaltación de lo nuevo en detrimento de lo antiguo se reforzó masivamente con la llegada de la Revolución Industrial. En esa época, los nuevos modos de producción, la urbanización y el ascenso de las clases medias al poder condujeron a una remodelación fundamental de la sociedad y sus valores. En un pasaje apocalíptico de El *Manifiesto Comunista*, Karl Marx, escrito en plena Revolución Industrial, describe los cambios que ve a su alrededor:

> La burguesía no puede existir sin revolucionar constantemente los instrumentos de producción, y con ello las relaciones de producción, y con ellas todas las relaciones de la sociedad... Todas las relaciones fijas y congeladas, con su tren de antiguos y venerables prejuicios y opiniones, son barridas. Todas las nuevas se vuelven anticuadas antes de que puedan osificarse. Todo lo que es sólido se funde en el aire, todo lo que es sagrado es profanado, y el hombre se ve por fin obligado a enfrentarse con sentidos sobrios a sus verdaderas condiciones de vida, y a las relaciones con sus semejantes.[2]

Así, la preferencia de la Ilustración por lo nuevo y lo novedoso en el plano de las ideas encontró su contrapartida social en los cambios impulsados por la Revolución Industrial, y su expresión concreta en el cambio de las relaciones económicas y sociales en la sociedad. Todo ello militó en contra de la noción clásica más antigua de que la historia y la tradición eran fuentes importantes de sabiduría positiva.

Si miramos a nuestro alrededor, está claro que estas tendencias antihistóricas han alcanzado una especie de clímax en las sociedades occidentales de la actualidad. El consumismo avanzado de Occidente promueve la novedad como una virtud absoluta. Sin duda, Marx habría visto esto como el resultado de

---

2 Karl Marx, The Revolutions of 1848: *Political Writings I* (London: Penguin,1973), 70.

la necesidad del capitalismo de crear constantemente nuevos productos y nuevos mercados para sí mismo. Ciertamente podemos dudar de ir hasta el final con el análisis marxista de la situación en términos puramente materiales, pero no se puede negar cierta verdad a tal argumento.

Al fin y al cabo, es crucial para el sistema económico que no llevemos la misma moda de ayer, que no llevemos las etiquetas de ayer, que no escuchemos la música de ayer, para que no se nos tilde, no tanto de "reaccionarios" sino de "cuadriculados" o de estar "fuera de onda". ¿Y quién nos dice que esto debe ser así? Pues, la gente cuya seguridad financiera depende de la venta de más y más productos. Además, el culto idolátrico a la juventud es evidente en todo esto, desde el dominio en la televisión de los anuncios dirigidos a los jóvenes hasta la plétora de productos antienvejecimiento disponibles. La ideología subyacente parece estar clara: lo joven, lo fresco, y lo nuevo es bueno; mientras que lo viejo, lo madurado, lo tradicional es malo.

Este compromiso antihistórico de la sociedad consumista moderna encuentra su contrapartida ideológica en algunas de las vertientes de ese grupo amorfo de filosofías que se engloban bajo el manido nombre de posmodernismo. Desde Marx, Freud y Nietzsche, el pensamiento secular ha sido consciente del carácter engañoso de las pretensiones de objetividad en todos los ámbitos, incluido el histórico. Incluso dentro de un marco modernista, la necesidad de una hermenéutica de la sospecha en el estudio de la historia aparece claramente en la obra de un historiador marxista tradicional como Eric Hobsbawm.

En la introducción a *La invención de la tradición* [The Invention of Tradition] (una colección de ensayos sobre la creación y las aplicaciones de diversas tradiciones), junto con los pedigríes históricos espurios que la acompañan, Hobsbawm señala tres usos entrecruzados entre sí de tipos de tradición desde la Revolución Industrial. Algunas tradiciones establecen o simbolizan la cohesión social de determinados grupos; otras establecen o legitiman instituciones o determinadas relaciones de poder; y otras inculcan sistemas de valores, pautas de comportamiento y convenciones sociales en aras de la socialización y la estabilidad social.[3] Lo que subyace a cada uno de estos tres tipos de tradiciones es la manipulación -o incluso la "creación"- de la historia y la narrativa histórica con algún propósito político particular ulterior, ya sea con el fin de ejercer control social o de legitimación.

Lo que es una herramienta crítica útil en manos de un marxista tradicional se convierte en un arma totalmente destructiva y autodestructiva en manos de aquellos pensadores que han llevado la hermenéutica de la sospecha hasta sus conclusiones lógicas. En el mundo de la historia posmoderna, no se trata de *reconstruir* el pasado, como en el trabajo de los historiadores positivistas tradicionales, ni de construirlo, como en el trabajo de los marxistas tradicionales, sino de *deconstruirlo*.

Se trata de poner al descubierto las agendas ocultas que subyacen a todos los relatos históricos y de plantear una y otra vez la pregunta clave: ¿a quién pertenece la historia?[4] Porque para dichos historiadores la propiedad de cualquier relato histórico está íntimamente ligada a la cuestión de quién ejerce el poder en el presente. De ahí que en las dos últimas décadas se haya

---

[3] Eric Hobsbawm y Terence Ranger (eds), *The Invention of Tradition* (Cambridge: CUP, 1992), 9.

[4] Para un estudio y discusión de los enfoques posmodernos de la historia por parte de un historiador profundamente influenciado por Michel Foucault y Hayden White, véase Alun Munslow, *Deconstructing History (Londres*: Routledge, 1997). Para una vigorosa reafirmación de la posición tradicional modernista, véase Richard J. Evans, *In Defence of History (Londres*: Granta, 1997).

producido una feroz reacción contra la narrativa tradicional de la
historia centrada en Europa y en los hombres blancos
heterosexuales. Esto se ha visto reforzado por el consiguiente
crecimiento de las historias desde otras perspectivas, por ejemplo
desde las perspectivas de las de las mujeres, los negros y los
homosexuales.

Quizás el exponente más famoso y articulado de este
rechazo a la historia tradicional fue el difunto intelectual francés
Michel Foucault. Richard Evans resumen la posición de Foucault
sobre la historia:

> La historia [para Foucault] era una ficción de orden narrativo
> impuesta sobre el caos irreductible de los acontecimientos en
> interés del ejercicio del poder. Y si una versión del pasado era
> más aceptada que otras, no era porque estuviera más cerca de
> la verdad histórica, o se ajustara más a "la evidencia", sino
> porque sus exponentes tenían más poder dentro de la profesión
> histórica, o dentro de la sociedad en general, que sus críticos.[5]

Por lo tanto, para personas como Foucault, las historias no
ofrecen explicaciones de cómo llegamos a estar donde estamos
en el sentido tradicional de la palabra; más bien revelan apuestas
por el poder, intentos de legitimar instituciones o actitudes
particulares en el presente.

Por lo tanto, para Foucault las narraciones históricas, junto
con otros intentos de proporcionar explicaciones globales de la
realidad o de hacer afirmaciones sobre la verdad, deben ser
desenmascaradas y expuestas como las apuestas por el poder que
realmente son. Al igual que la Ilustración degradó la historia y la
tradición estigmatizándolas con el lenguaje del oscurantismo y la

---

5 Evans, *In Defence of History*, 195-96.

reacción, y al igual que el consumismo occidental ha dado cabida a la historia sólo como una oportunidad de marketing en forma de parques de diversiones temáticos y tiendas de chucherías de nostalgia, gran parte de la filosofía reciente ha etiquetado la historia como otro intento subrepticio de ejercer el poder bajo el disfraz de la verdad objetiva.

Cuando tomamos todos estos elementos en conjunto, el voraz apetito por la novedad y la innovación que caracteriza a las sociedades consumistas avanzadas, y el inveterado cinismo del mundo moderno, ya sea expresado en la apatía política popular o en las sofisticadas teorías posmodernas, han demostrado ser una potente combinación antihistórica y antitradicional.

El impacto en la Iglesia

Este breve ensayo no pretende ser un mapa esquemático de la sociedad contemporánea. El propósito es abordar la muy seria cuestión de dónde y cómo la teología cristiana ortodoxa, tal como se concibe clásicamente, puede hablar a este día y a esta generación y por qué, por lo tanto, hay que dedicar tiempo a estudiarla al comienzo del tercer milenio.

Sin embargo, antes de poder ofrecer una agenda de curso positiva, es necesario dedicar algún tiempo a evaluar el impacto de las diversas tendencias antihistóricas, señaladas anteriormente, en la Iglesia cristiana. Si la sociedad en general está perdiendo su sentido de la historia, y si la academia está lanzando un ataque frontal contra la posibilidad misma de la historia, ¿cómo está afectando esto a la iglesia?

Quiero sugerir que las tendencias antihistóricas de la sociedad pragmática y la sociedad de consumo de Occidente han suscitado dos respuestas diferentes, pero igualmente inadecuadas y, en última instancia, antihistóricas, por parte de la Iglesia de Occidente. En primer lugar, una parte de la Iglesia ha abrazado con entusiasmo estas tendencias y ha abandonado su posición autoconsciente dentro de una tradición histórica, quedándose en cierto modo sin raíces históricas. En segundo lugar, una parte de la Iglesia ha intentado captar de nuevo el significado de la historia buscando tradiciones para enriquecer su espiritualidad, pero lo ha hecho de una manera históricamente errada y, en última instancia, es un síntoma precisamente del mismo consumismo que ha dado forma a la primera respuesta.

Por lo que respecta al primer punto, la evidencia de un colapso en el arraigo histórico es evidente para todos. Podemos empezar por observar las prácticas litúrgicas de la Iglesia. Por "práctica litúrgica" no me refiero a liturgias formales específicas como por ejemplo el Libro de Oración Común de la Iglesia Anglicana. No, sino que más bien utilizo el término para referirme a la forma lingüística y ritualista más amplia del culto cristiano, es decir, el tipo de canciones que se cantan, las oraciones que se oran, y los sermones que se predican.

En los últimos veinte o treinta años se ha producido una verdadera transformación de la práctica cristiana, y muchas iglesias han abandonado la himnodia tradicional y las estructuras de los servicios de culto en favor de canciones más contemporáneas y estilos de culto más adaptados a las sensibilidades modernas. La mayoría de las veces, estos cambios se llevan a cabo con algo más que una referencia pasajera a la necesidad de *atraer* a los jóvenes a la iglesia. Este es un objetivo muy legítimo, pero también una modificación significativa de los énfasis contenidos en la Gran Comisión, donde la categoría de edad no recibe ninguna mención específica. También es interesante que se establezca una clara conexión entre la atracción de los jóvenes y la ruptura decisiva con el pasado en áreas clave. La ideología del consumismo, con su énfasis en todo lo que es novedoso, los mercados juveniles, etc., se encuentra claramente bajo la superficie de todo este cambio. Utilizando un lenguaje que resulta familiar a la sociedad de consumo, nadie debería cometer el error de considerar que el paso a los cánticos de alabanza y los estilos de culto contemporáneos es un simple reenvasado o simplemente un cambio de la etiqueta de la marca de un producto tradicional. Al fin y al cabo, en un nivel fundamental, el lenguaje usado, y las formas de culto congregacional ofrecen importantes líneas de continuidad con el pasado, un pasado que inevitablemente configura nuestra identidad en el presente.

Esto se ve claramente en la propia enseñanza bíblica, en la cual la Pascua se instituye como un medio para conmemorar el poderoso acto de salvación de Dios en el antiguo Israel. La ceremonia debía repetirse anualmente para recordar a los israelitas lo que Dios había hecho en el pasado y, en consecuencia, quiénes eran ellos en el presente. La conexión histórica está subrayada por la referencia en Éxodo 12:26-27, donde Dios instruye a los israelitas sobre lo que deben decir cuando sus hijos les preguntan por qué se celebra la Pascua. Lo mismo ocurre en la iglesia cristiana: la conexión con el pasado es vital.

Por supuesto, la Biblia y los sacramentos nos proporcionan la conexión histórica fundamental y vital con la acción salvadora de Dios en Cristo; pero también hay una gran cantidad de tradición teológica y eclesiástica que, aunque no tiene la misma autoridad que las Escrituras, son extremadamente útil para mantener el conocimiento de quiénes son los cristianos, relacionándolos con el pasado; y una vía muy importante para ello son las prácticas litúrgicas actuales de la Iglesia. El vocabulario y las prácticas de la comunidad cristiana, probadas a lo largo de los siglos, aunque no sean en sí mismas absolutamente sacrosantas, no deben abandonarse casualmente ni dejarse de lado a la ligera. Son un elemento importante de la identidad de la Iglesia, y si se rompe con ellos por motivos puramente pragmáticos para mejorar la comercialización de la Iglesia, se corre el riesgo de desplazar la identidad histórica de la Iglesia.

Por supuesto, el protestantismo siempre ha tenido el potencial de proporcionar un terreno fértil para una teología y una cultura eclesiástica que desprecia la tradición. La noción de autoridad bíblica, tal como la articularon los reformadores y los pensadores reformados y luteranos posteriores, subordinó necesariamente la tradición eclesiástica a la Biblia. Lo cual creó una situación en la que la tradición podía ser abandonada cuando fuera necesario. Consideraban la Biblia como la única fuente de revelación y eso significaba inevitablemente que los protestantes eran mucho más críticos y selectivos en su acercamiento a la tradición dogmática de la Iglesia que lo que era habitual en el catolicismo medieval.

Sin embargo, los reformadores y la tradición protestante posterior nunca pretendieron que esta noción de autoridad bíblica sirviera para rechazar por completo las tradiciones teológicas de la Iglesia en sí mismas, sino que por el contrario esta noción de autoridad bíblica la consideraron simplemente como una herramienta crítica con la que se podían criticar y reformar continuamente esas tradiciones.

Aunque hubo grupos en los siglos XVI y XVII que defendieron precisamente ese rechazo de toda la tradición sobre la base de un biblicismo radical, lo más significativo es que estos grupos no formaron parte de la Reforma magisterial y fueron fuertemente repudiados por la corriente principal de reformadores. Los más famosos e influyentes fueron los socinianos. Los socinianos se originaron en Italia pero florecieron en Polonia. Rechazaban incluso las doctrinas de la Trinidad y la Encarnación de Cristo siguiendo una hermenéutica literalista de las Escrituras combinada con un enfático rechazo de la metafísica dentro de la teología.

Aquí hay paralelos obvios con el sofisticado trabajo teológico-histórico de liberales posteriores como Adolf von Harnack, pero a un nivel menos sofisticado la comprensión sociniana de la autoridad bíblica está muy viva y bien dentro de la iglesia evangélica actual, alimentada por las fuerzas muy antihistóricas e innovadoras del consumismo occidental moderno. A nivel de ideología teológica, se puede ver en el trabajo del llamado movimiento de "la apertura de Dios" o "teísmo abierto", asociado con Clark Pinnock y Greg Boyd - un movimiento que, por cierto, comparte un terreno significativo con el trabajo del historiador liberal Adolf von Harnack, así como con el socinianismo inicial en su oposición a la supuesta metafísica distorsionante de la tradición cristiana ortodoxa, patrística, medieval y de la Reforma sobre la base de un principio de interpretación radical de las escrituras.

Así, el dios del "teísmo abierto" tiene un conocimiento limitado del futuro y cambia continuamente en relación con su creación. Dada la cantidad de lenguaje metafísico desplegado en las discusiones trinitarias patrísticas, es muy posible que en última instancia este enfoque sociniano de la teología actual ponga en peligro la misma naturaleza trinitaria de Dios. Tal vez esto no ocurra. Sin embargo, como este siempre ha sido el resultado de tales cruzadas antimetafísicas en el pasado, los presagios no son buenos.

En un nivel más ordinario, la aplicación de este principio
escritural simplista puede verse en la vida y las prácticas
cotidianas de las iglesias evangélicas de todo el mundo, donde
con toda seriedad se muestran como ejemplos de fidelidad a la
autoridad de las Escrituras los gritos de "No tengo más credo que
la Biblia", las predicaciones que no incorporan la síntesis
teológica a la exégesis bíblica, y el desprecio por los modelos
históricos de culto y confesión. La suposición subyacente detrás
de todo esto parece ser que la noción protestante de autoridad de
las Escrituras sólo puede existir con una actitud iconoclasta hacia
toda la tradición, una posición que los propios reformadores
habrían repudiado por completo. Este tipo de *neosocinianismo*,
ya sea a nivel de ideología teológica o de práctica, es una
respuesta de la iglesia al desafío de la modernidad y el
consumismo.

Hasta aquí el primer tipo de respuesta de la Iglesia a las
tendencias antihistóricas modernas. La segunda respuesta es, al
menos en apariencia, casi lo contrario. Esta respuesta es la de
recuperar la tradición cristiana temprana como medio de
redescubrir una espiritualidad más auténtica que la que la iglesia
de Occidente ha ofrecido generalmente. El ejemplo más
influyente de esto en Gran Bretaña es el llamado
redescubrimiento en las últimas dos décadas del cristianismo
celta, la espiritualidad de las iglesias celtas del inicio de la Edad
Media.[2]

En una verdadera cornucopia de libros, la vía celta ha sido
promovida en los círculos eclesiásticos como la recuperación de
una dimensión previamente perdida de la tradición eclesiástica.

---

[2] En Latinoamérica, a menudo se ve esta tendencia de recuperar de
manera errada una espiritualidad más antigua con movimientos que ponen
énfasis en liturgias hebreas, y palabras y nombres en hebreo.

La vía celta se promueve como más en sintonía con la naturaleza, como menos obsesionada con el tema del pecado, como ofreciendo una espiritualidad que apela a la persona en su totalidad, y como más arraigada en las imágenes que en las palabras. Se considera que todo esto le confiere un valor superior a la espiritualidad del agustinianismo occidental obsesionado por el pecado, sobre todo porque éste encontró su máxima expresión en la religión cerebral y centrada en la Palabra de la Reforma.

Para dichos promotores de la espiritualidad celta, la Reforma, como cuna de la modernidad y de la Ilustración, del imperialismo, del individualismo (signifique lo que signifique) y, en última instancia, de la industrialización, se considera el desastre teológico definitivo y el origen de muchos de los males del mundo moderno.

Sin embargo, este "renacimiento celta", aunque superficialmente parece representar un retorno a la historia y a la tradición, es en general una simple manifestación teológica del mismo fenómeno que vemos en la sociedad que nos rodea. Se trata de una apropiación ecléctica y nostálgica de una pseudohistoria que proporciona a la Iglesia una engañosa autenticidad histórica. Para aplicar las categorías de Eric Hobsbawm, la iglesia, habiendo perdido de vista sus verdaderas raíces históricas, ha inventado tradiciones aparentemente históricas con el propósito de socializar y legitimar en el presente. Dentro de la mitología del movimiento de la cristiandad celta, el ideal del cristiano celta funciona para el adepto actual de la cristiandad celta de manera similar a como lo hizo el ideal del "noble salvaje" para la generación de Rousseau.

En cuanto a la integridad histórica del movimiento del cristianismo celta, ésta ha sido expuesta como una completa farsa en un libro de Donald Meek, profesor de celtismo, en la

Universidad de Aberdeen.[6] Meek señala que ninguno de los defensores más conocidos de la espiritualidad celta conoce ninguna de las lenguas celtas, por lo que no tienen acceso directo a las fuentes originales. Analiza la historia cultural del movimiento, con su enfoque altamente selectivo de los asuntos celtas y lo expone como un total disparate histórico.

De hecho, el trabajo histórico de los defensores del cristianismo celta es vergonzoso de la misma manera que es vergonzoso un combate de boxeo mal disputado. Al final, uno casi siente pena por los oponentes de Meek porque han recibido una paliza tan despiadada y eficaz de un hombre que realmente lee las fuentes originales y conoce muy bien la historia.

Lo que Meek demuestra muy bien es que el movimiento del cristianismo celta actual es mucho más afín al movimiento New Age actual por su rechazo de lo literario en favor de lo visual, su obsesión por las cuestiones ecológicas y su deseo de rechazar ciertos aspectos (aunque no todos) de la cultura occidental. En efecto, uno de los ámbitos en los que los nuevos cristianos celtas revelan sus colores occidentales y consumistas de forma tan eficaz es el de las prácticas ascéticas.

El riguroso sistema penitencial, que era una de *las* marcas más características de identidad que unía a las iglesias galesa, escocesa e irlandesa, brilla por su ausencia casi total en el movimiento moderno del cristianismo celta.[7] Al igual que las mimadas estrellas de Hollywood que proclaman su adhesión al budismo y meditación diaria, pero siguen llevando una vida de consumo masivo y autoindulgencia, la mayoría de los cristianos celtas modernos parecen tomar los trozos de la tradición que les atraen y dejar el resto sin comprar, en la estantería.

---

6 *The Quest for Celtic Christianity* (Edimburgo: Handsel Press, 2000).
7 Véase Meek, 95 y ss.

Como tal, el movimiento del cristianismo celta no es la auténtica recuperación de la tradición histórica que pretende ser, sino más bien la invención de una nueva tradición por parte de una cultura que se encuentra desarraigada y desilusionada. Esa cultura necesita inventar una historia para sí misma que responda a sus preocupaciones contemporáneas.

Por lo tanto, sólo se diferencia superficialmente del rechazo frontal de la tradición que puede verse en muchos sectores evangélicos. Utiliza un lenguaje, unos nombres y unos símbolos que parecen darle una integridad histórica; sin embargo, lo hace de una manera que no está impulsada por las fuentes históricas, sino por una visión romántica de ciertas personas del mundo moderno.

En forma de esbozo, éste es el mundo europeo occidental de hoy. El cristianismo ya no es la fuerza cultural dominante que era antes. En otras palabras, vivimos en una sociedad pluralista postcristiana. La propia iglesia ha abandonado en gran parte su pedigrí histórico, como demuestran los cantos de adoración que se entonan, el tipo de cosas que se dicen en la iglesia y la ignorancia generalizada de la historia y la tradición de la iglesia. Además, en los casos en los que se tiene en alta estima la tradición, como en el movimiento del cristianismo celta, a menudo se hace de una manera que es conscientemente iconoclasta hacia la tradición occidental en general y la tradición de la Reforma en particular.

Teniendo esto en cuenta, algunos se preguntarán: ¿por qué estudiar la teología cristiana histórica y ortodoxa, especialmente en su forma clásica reformada, al comienzo del tercer milenio? Me gustaría responder a esto proponiendo dos tesis.

Primera tesis: La tradición reformada se toma en serio la enseñanza bíblica de que Dios es principalmente un Dios que habla.

Casi no hace falta decir que la iglesia reformada se originó a través de un movimiento que consistía en palabras. Las traducciones de la Biblia, los panfletos, los sermones e incluso los cambios en la arquitectura de la iglesia que incorporó la Iglesia Reformada hablan de la creciente importancia de las palabras en los siglos XVI y XVII. Mientras que los historiadores sociales y culturales sin duda lo arraigarían en un complejo de fuerzas históricas, desde la invención de la imprenta hasta el aumento de las tasas de alfabetización, el florecimiento del comercio, el cambio de las políticas fiscales y el aumento de la burocracia y el mantenimiento de registros, para aquellos que toman en serio el auto entendimiento e incluso la teología como categorías de importancia para los historiadores, la convicción entre los reformados de que Dios es un Dios que habla, también debe desempeñar su papel en el análisis.

La importancia de las nociones de los mandatos de Dios, y sobre todo de sus promesas, para el mensaje protestante significó de manera directa que el protestantismo iba a ser inevitablemente un fenómeno irreductiblemente verbal. Simplemente no se puede ordenar o prometer cosas mediante meros símbolos, como quedó tan claro en la insistencia de los reformadores en que los sacramentos no podían administrarse sino en la congregación y en el contexto de la predicación clara y comprensible de la Palabra de Dios.

Además de este punto tan obvio, también podríamos hacer referencia a la cuidadosa articulación de la relación entre la Palabra de Dios concebida como segunda persona de la Trinidad y la Palabra de Dios como la Escritura. Esta doble identificación de la Palabra es bastante habitual en la teología reformada. El énfasis en Dios Padre actuando por la Palabra a través del Espíritu Santo como fuente óntica de nuestro conocimiento de Dios no se consideraba opuesto al énfasis en la Palabra inscrita como base cognitiva de la teología. Dios y las palabras eran, pues, teológicamente inseparables en el relato reformado de la revelación.

Este sencillo punto encuentra su justificación bíblica en el consistente testimonio bíblico de Dios como el Dios que habla, que utiliza las palabras para dirigirse a la humanidad y revelarse a sí mismo a la humanidad, ya sea en el contexto del Monte Sinaí o del Monte de los Olivos. El Dios cristiano es el Dios que habla, que se comunica y se relaciona con su pueblo de un modo inextricablemente ligado al habla y a las palabras.

Llegados a este punto, es necesario destacar dos tendencias actuales, una de carácter cultural y otra de carácter intelectual, que afectan al corazón mismo de la noción de un Dios que habla. La primera es el cambio general en nuestra cultura de lo literario o verbal a lo visual e icónico. Así como la Reforma, y la teología reformada que más adelante nutrió, fueron en parte producto de un cambio cultural de lo visual a lo verbal, ahora nos encontramos en un punto de la historia en el que el péndulo cultural está volviendo a oscilar un poco en la dirección opuesta, de lo verbal a lo visual.

Mientras que en el siglo XVI existía la imprenta y la industria del libro, hoy existe la televisión y, más recientemente, Internet. Si bien es cierto que estos últimos medios implican palabras y lenguaje, el énfasis o el modo de comunicación dominante en ambos es el de la imagen visual. Poner ejemplos es sencillo: se puede citar el debate presidencial estadounidense entre Kennedy y Nixon en 1960, en el que los oyentes de radio pensaron que Nixon había ganado indubitablemente, mientras que los espectadores de televisión dieron el resultado de ganador indisputable a Kennedy. ¿La razón? Kennedy *tenía un aspecto fresco*, bronceado y físicamente atractivo, mientras que Nixon, aunque *sonaba* más impresionante e imponente, estaba pálido y demacrado, recién salido del hospital. Si la televisión podía ejercer un poder tan ominoso en 1960, cuánto más significativo es hoy en día, en un mundo en el que los hombres y mujeres más poderosos del mundo son, sin duda alguna, los que controlan la gigantesca industria televisiva mundial.

Este cambio cultural plantea enormes cuestiones para la Iglesia y para la teología. Para empezar, la Iglesia tiene que enfrentarse a la eterna cuestión de cómo comunicar su mensaje en la cultura circundante. Esta cuestión siempre ha implicado alguna forma de diálogo con el contexto más amplio y de adaptación a dicho contexto, aunque, para algunos, esto sólo haya significado que la palabra debe predicarse en un lenguaje que la sociedad pueda entender. La cuestión principal que plantea nuestra cultura, cada vez más visual, es la siguiente: ¿se puede comunicar el Evangelio de una manera más visual?

Hay muchos que responden afirmativamente a esta pregunta, y lo hacen con una pasión desconcertante. Volviendo al interés por la espiritualidad celta, se trata de un movimiento que hace mucho más hincapié en las emociones y en los símbolos y la estética que en el intelecto y el dogma. La espiritualidad celta representa la espiritualidad clásica para la era visual, con su misticismo, sus obras de arte y su desprecio por las formulaciones doctrinales clásicas.

Pero no es la espiritualidad celta en la que hay que centrarse aquí. Lo que debe preocuparnos es la sustitución de la predicación y la doctrina en muchas iglesias evangélicas genéricas por el teatro, por la llamada danza litúrgica, por los sentimientos, las emociones y las experiencias místicas y, a veces, por elaboradas ceremonias sacramentales que hacen que la Iglesia Católica Romana parezca positivamente puritana en comparación. Todo ello habla de la transformación del protestantismo, que ha pasado de ser un movimiento basado en la Palabra a ser algo más preocupado por la estética de una u otra forma.

Por eso es tan importante una base sólida en la Fe clásica reformada o evangélica a nivel de liderazgo eclesiástico. Si la noción central del Dios que habla es algo más que una simple construcción social, un acto de proyección cultural, entonces el movimiento actual en contra las palabras en la iglesia -ya sean palabras en la predicación, la oración o la doctrina- es un movimiento con profundas implicaciones teológicas. No es simplemente una rebelión contra las palabras en sí mismas: es también una rebelión contra el Dios que las pronuncia.

Sin embargo, parece que el argumento está siendo ganado dentro de las iglesias por los defensores del nuevo protestantismo estético casi por defecto. De todas las formas de protestantismo que surgieron de la Reforma, la de la tradición reformada es la que reflexionó más extensamente sobre la noción del Dios que habla y elaboró las implicaciones de esto para la teología y la práctica de la iglesia.

Por lo tanto, es crucial en este momento que la iglesia reformada tome la delantera en la crítica de las tendencias estéticas actuales dentro del evangelicanismo y reafirme una vez más la centralidad de Dios y de la Palabra de Dios para la iglesia en general. Yo sugeriría que la teología reformada, con su rica tradición de cuidadosa reflexión sobre la noción del Dios que habla, está en una posición inmejorable para abordar estas cuestiones con la seriedad y la fidelidad bíblica que exigen.

Sin embargo, la guerra contra las palabras y en favor de lo visual no se desarrolla únicamente en el ámbito de las corrientes culturales populares. También ha tenido una importante expresión intelectual en las diversas escuelas de crítica literaria y de ciencias sociales que surgieron en Francia en la década de 1960 y que ahora tienen influencia en muchas universidades y seminarios de Europa y Norteamérica. Aunque cualquier descripción generalizada de estas escuelas está destinada a ser simplista, es preciso decir que una característica que muchas comparten es la noción de que el significado de un texto lo determina en última instancia el lector o la comunidad de lectores y no el autor o los propios textos. La llamada "muerte del autor" es algo que se ve pregonar con frecuencia desde los atriles de las salas de conferencias, los libros de teoría literaria y las páginas de influyentes revistas literarias.

En un importante estudio de tales teorías desde un punto de vista cristiano, Kevin Vanhoozer ha argumentado que el movimiento de "la muerte de Dios" en los años sesenta se convirtió en la muerte del autor en los noventa. En otras palabras, considera que el ataque a la autoridad de los autores y los textos es, en el fondo un problema teológico: una rebelión contra Dios. Ciertamente, el caso parece convincente. Si Dostoievski tenía razón al ver que la inexistencia de Dios empujaba al hombre al abismo del nihilismo ético, entonces Vanhoozer parece tener razón al ver que la muerte de Dios empuja al hombre al abismo del nihilismo epistemológico. En otras palabras, el Dios que habla es el que da sentido a toda la vida, ya sean códigos morales o textos.[8] Una vez más, es aquí donde la fe reformada está singularmente bien situada para afrontar el reto. Si bien hay pruebas considerables de que muchos dentro de la circunscripción evangélica más amplia están coqueteando con aspectos de la teoría literaria posmoderna, aunque a menudo de una forma muy derivada y simplificada, debería prestarse atención a la advertencia de Vanhoozer.

Si bien ya han pasado los días en que el significado de los textos podía considerarse generalmente claro y evidente, y los reformados, con su comprensión del impacto epistemológico del pecado, no deberían tener ningún problema con esta idea, la noción de que son las comunidades o los lectores los que crean el significado es muy peligrosa y, en última instancia, devuelve a Dios al reino de lo noumenal, incapaz de comunicarse con su pueblo.

Una vez más, es aquí donde el énfasis reformado en el Dios que habla a la humanidad, el Dios que se acomoda a la capacidad humana, es contracultural en términos de tendencias más amplias, pero también crucial en términos de la supervivencia futura de la iglesia. Los cristianos tienen un Dios que habla; y eso tiene muy profundas implicaciones en la forma en que son capaces de interactuar con las tendencias contemporáneas de la epistemología y de apropiarse de ellas.

---

[8] Véase Kevin Vanhoozer, *Is There a Meaning in This Text?* (Leicester: Apollos, 1998).

Segunda tesis: La fe reformada aprecia los aspectos beneficiosos de la historia y la tradición.

Ya se ha señalado la sospecha y el desprecio que caracterizan gran parte de la actitud moderna hacia la historia y la tradición. En el ámbito de la cultura de masas, se señaló el impacto tiene el consumismo como generador de una necesidad continua de lo nuevo y de la novedad. En el ámbito de la filosofía, se hizo un breve repaso del enfoque de la historia de quienes, como Michel Foucault, consideran que la escritura de la historia tiene que ver con el poder y la manipulación, tanto en el presente como en el pasado, más que con la búsqueda de la "verdad", sea cual sea.

Hay un aspecto en el que los reformados pueden estar de acuerdo con alguien como Foucault. El énfasis en los documentos confesionales sobre la depravación total debería alertar a la iglesia sobre el hecho de que la historia y la tradición, como todo lo demás, pueden ser escritas, manipuladas y utilizadas de forma profundamente abusiva.[9] De hecho, hay un sentido en el que se podría leer el escrito de Foucault como quizás la mayor reflexión sobre el significado de la depravación total para la escritura histórica que existe.

Sin embargo, donde Foucault se equivoca, junto con muchos marxistas, es en su incapacidad para ver que la historia y la tradición también pueden ser profundamente útiles, incluso liberadoras, para la humanidad. Foucault parte de la base de que toda la historia tiene que ver con el poder, con la clasificación y la marginación, con la promoción de una mentalidad de "ellos" y

---

[9] Por "depravación total" no quiero decir que todo el mundo sea tan malo como podría serlo, sino que cada aspecto o facultad del ser humano está corrompido en algún grado por la Caída. Así, la epistemología se convierte en parte en una cuestión moral y toda pretensión de mera objetividad absoluta se convierte en falsa.

"nosotros" basada en las relaciones de poder. Para los marxistas, la tradición y la historia son con demasiada frecuencia formas de cultivar una falsa conciencia de grupo, de mantener las distinciones de clase y, por tanto, de mantener a los pobres en su posición subordinada en la cadena alimentaria económica.

Por lo tanto, tanto para Foucault como para los marxistas, es imperativo desenmascarar las agendas ocultas y manipuladoras que subyacen a la escritura de la historia como medio del mantenimiento de las tradiciones de poder. Los cristianos también deberían estar en el juego de desenmascarar las agendas impías y las ofertas de poder que acechan a la vuelta de cada esquina -incluso, o quizás, especialmente, en la iglesia-; pero también deben ser conscientes de que, como cristianos, su actitud ante la historia debería ser más matizada que la de Foucault y compañía.

En primer lugar, los cristianos deben cuestionar la suposición generalizada que se encuentra en este tipo de filosofía secular de que toda la historia y toda la tradición son, por definición, manipuladoras y abusivas. Esto puede hacerse indirectamente aplicando a los marxistas y a los discípulos de Foucault la misma vara de medir que ellos aplican a los demás. Se les podría acusar de escribir una historia que no es más que una ideología disfrazada de verdad, que es sutilmente manipuladora, que no hace más que marginar y privar de derechos a aquellos a los que quieren subyugar para sus propios fines. Pero probablemente no tendrían mucha dificultad en estar de acuerdo con esta afirmación y poco se habría conseguido más allá de mostrar el inútil nihilismo de estos planteamientos cuando se aplican de forma generalizada.

Relativizar a los relativistas acaba por suscitar gritos de poco más que "¿Y qué?" por parte de los que observan al margen. Es mejor señalar los efectos culturales y sociales profundamente desorientadores que el colapso de la historia y la tradición han traído consigo en los últimos años. A medida que la ignorancia histórica y el antitradicionalismo han aumentado con el auge del consumismo occidental, la sociedad no ha sido testigo de ninguna gran liberación, sino que se ha creado un ansia desesperada y profunda por precisamente el tipo de identidad que la historia y la tradición son capaces de proporcionar.

Así, por ejemplo, tenemos el surgimiento de nuevos nacionalismos militantes y la invención de las espiritualidades pseudohistóricas de la Nueva Era. La eliminación y la destrucción de tradiciones e historias que realmente tienen algunas raíces en el pasado real a menudo no ha liberado a la humanidad, sino que ha dejado vacíos dolorosos que se han llenado con tradiciones e historias sintéticas que son realmente la invención de quienes las promueven; y podría decirse que éstas han demostrado ser mucho más manipuladoras que muchas de las anteriores.[10]

El consumismo multinacional reduce toda la vida a un presente sin sabor y sin raíces, y como la humanidad se encuentra flotando libremente y sin raíces, se esfuerza desesperadamente por crear (en lugar de redescubrir) para sí misma una historia y una red de tradiciones que le den valor e identidad. La muerte de la historia y de la tradición no ha resultado ser una experiencia liberadora, sino que simplemente ha creado un agujero en el que ahora puede caber cualquier viejo cuento de hadas.

---

[10] En una línea similar, aunque desde una perspectiva declaradamente marxista, Terry Eagleton ha criticado el posmodernismo precisamente por su profunda falta de poder político: véase Terry Eagleton, *The Illusions of Postmodernism* (Oxford: Blackwell, 1996).

La primera razón de la importancia del estudio de la fe
reformada en este contexto es, por tanto, que proporciona a la
iglesia una historia y una tradición sobre la que construir su
identidad y entender su lugar en el mundo en general. La Iglesia
Reformada, con sus credos, confesiones, catecismos y tradición
teológica, proporciona a su pueblo la continuidad histórica que
tantos anhelan hoy en día, y que es tan crucial para no dejarse
llevar por cada viento de doctrina o cada moda pasajera.

Sin embargo, a diferencia de las tradiciones alternativas,
como la de la espiritualidad celta, nuestra tradición reformada se
define por documentos públicos, credos, confesiones y
movimientos históricos, no por especulaciones románticas sobre
lo que podría haber ocurrido, y especulaciones que hablan más
de aspiraciones contemporáneas que de acciones en la historia
real del tiempo-espacio.

Por supuesto, el pasado puede ser romantizado y la gente
puede volverse idólatra con respecto a las tradiciones. Este es un
peligro muy serio y siempre presente, y sólo hay que pensar en la
forma en que se ha utilizado la fe reformada en el pasado para
darse cuenta de que puede ser tan fácilmente un medio de
opresión como de liberación.

Sin embargo, el peligro en este momento parece ser el de
una iconoclasia irreflexiva más que el de una idolatría
desenfrenada por la tradición. Esto no quiere decir que la Iglesia
se dedique simplemente a mantener su tradición por la tradición
y a aceptar acríticamente todo lo que la tradición contiene. Eso
sería elevar la tradición al nivel de la revelación, lo mismo contra
lo que nuestros antepasados de la Reforma reaccionaron con tanta
fuerza.

Se trata más bien de argumentar que nuestra tradición nos
proporciona un lugar donde situarnos y un punto de partida desde

el que podemos evaluar el mundo que nos rodea, a nosotros mismos, e incluso aspectos de nuestra propia tradición. Al hacerlo, podemos reconocer con toda humildad que, aunque la Iglesia en el pasado puede haber cometido errores, la reflexión informada sobre ese pasado es, sin embargo, crucial para cualquier compromiso inteligente con el presente. Me gustaría sugerir que la apropiación crítica de la tradición eclesiástica que vemos en los mejores teólogos de los siglos XVI y XVII proporciona, de hecho, un buen modelo de cómo relacionarse con la historia y la tradición en la actualidad.

Aquí es también donde la catolicidad de la fe reformada ofrece grandes oportunidades. Una lectura cuidadosa de los grandes teólogos reformados del pasado indica que el pensamiento reformado está muy lejos de ser sectario en su espíritu. Los grandes credos trinitarios de la Iglesia primitiva proporcionan el telón de fondo de la tradición reformada. Aquellos teólogos que se encuentran detrás de las normas confesionales de los siglos XVI y XVII, al tiempo que se mantienen firmes en sus creencias y se niegan rotundamente a reducir toda la doctrina al nivel de la adiáfora, aún así interactuaron con todos los matices de la opinión teológica y siguen proporcionando tanto una teología como un patrón de compromiso que busca hacer justicia a la escena teológica más amplia de una manera articulada y no oscurantista.

Una apreciación de la historia, y de las luchas doctrinales de la iglesia a lo largo de la historia, son sin duda cruciales para evitar un sectarismo estrecho y un fariseísmo en el presente. Si la Iglesia capitula ante las fuerzas antihistóricas que actúan a nuestro alrededor, se expone a todo tipo de consecuencias desafortunadas, entre ellas la posibilidad de repetir muchos de los errores teológicos del pasado.

Si bien se trata de argumentar a favor de la utilidad general de la historia y la tradición, también hay que tener en cuenta que, para los reformados, el problema del incesante ataque a la historia y la tradición, tanto a nivel intelectual como popular, tiene también una profunda dimensión teológica. Nuestra comprensión de Dios es que es un Dios que actúa a través de la historia, y cuya identidad y propósitos están ligados a la forma en que ha actuado en tiempos pasados. Se trata de una importante verdad bíblica, como nos indican numerosas referencias en el Pentateuco, los Salmos, los Profetas o el Nuevo Testamento. No podemos aceptar sin más el enfoque radical de la historia y la tradición, que reduce todo al nivel de una lucha de poder, ni podemos optar por el enfoque innovador y creativo que se encuentra en la espiritualidad celta, que simplemente crea el pasado que desea descubrir.

La historia tiene un significado porque Dios es su autor. En el fondo, los ataques a la historia tanto de la academia como de la cultura popular moderna son profundamente teológicos porque son intentos, una vez más, de apartar a Dios del panorama general. Puede que no nieguen su existencia, pero le niegan de hecho cualquier relación positiva con su creación. Eso es, en el mejor de los casos, deísmo.

Por eso es tan importante la teología reformada. Con la centralidad de la noción de pacto en su esquema teológico, la fe reformada sitúa al Dios que actúa en la historia en el centro de su confesión. En el plano de la teología, esto es sin duda tan crucial para mantener la Biblia unida como una unidad teológica como lo es la noción del Dios único que habla en la Biblia. Uno de los puntos fuertes de la teología reformada es que ve la historia bíblica como testimonio de las acciones de un único Dios que está comprometido con la salvación de su pueblo a través del

Mesías quien marca la culminación de la historia de su pueblo del pacto.

Aunque existen problemas manifiestos para extender este enfoque a nuestra lectura de la historia postbíblica, la noción del pacto, el lugar de las familias y los niños dentro de nuestra comprensión de la iglesia, y la centralidad de los sacramentos en nuestro culto, refuerzan la importancia de la continuidad con las acciones salvíficas de Dios a lo largo de la historia. En cuanto se pierda de vista esta dimensión histórica de la acción de Dios, se tenderá al misticismo y al individualismo y se perderá de vista la verdadera importancia de la Iglesia como comunidad del pacto del Dios que gobierna la historia y actúa en ella.

También perderemos de vista la importancia de la humildad teológica y práctica en la vida cristiana. Gran parte de la actitud actual hacia el pasado es iconoclasta, y refleja muy poco la actitud de personas como el apóstol Pablo en las cartas pastorales. Reconocer que Dios actúa en la historia significa que reconocemos que Dios ha actuado en el pasado; y reconocer que Dios ha actuado en el pasado significa que reconocemos que no podemos ignorar ese pasado como si hoy tuviéramos todas las respuestas.

En resumen, sin Dios como autor del pasado, la historia carece de sentido, al igual que las vidas de todos los que la componen. Lo único que queda es el individuo desencadenado y autónomo en el presente. La forma de adorar se convierte en lo que mejor nos conviene aquí y ahora; y nuestra teología se convierte en lo que creemos que significa la Biblia o lo que el último consenso académico nos dice que significa. En resumen, perdemos cualquier perspectiva desde la que ser autocríticos.

Podríamos añadir, por último, que cuando perdemos de vista la obra de Dios en el pasado, fácilmente podemos perder de vista también su obra en el futuro: la dimensión escatológica de la fe cristiana. En la medida en que descuidamos el pasado, con la misma medida no entenderemos el significado del presente en relación con el futuro. Este descuido del pasado es una de las razones por las que muchas iglesias evangélicas tienen una escatología sobre-realizada.[3] El fracaso en la comprensión del significado de la historia en los propósitos de Dios ha llevado a un fracaso en la comprensión del equilibrio que existe en la Biblia con respecto a la tensión ya pero todavía no en relación con la venida del reino. Este fracaso en la comprensión del significado de la historia proporciona un terreno fértil para, en el nivel trivial, cantar nada más que canciones de adoración triunfalistas y de victoria sin espacio para canticos sobre el sufrimiento cristiano, y, en el nivel más abiertamente dudoso, la enseñanza de la teología prosperidad, los movimientos de sanación total y todo tipo de grupos que no logran afrontar verdaderamente a la realidad y al problema del mal en la actualidad.

Esta escatología sobre-realizada es en sí misma otra consecuencia de una cultura consumista y de tarjeta de crédito que quiere todo ahora, y no esperará hasta mañana para tenerlo. Las desastrosas consecuencias pastorales de tal enseñanza, por no mencionar sus insuficiencias teológicas, están a la vista de todos. Por el contrario, la teología reformada, al dar el lugar que le corresponde a la historia en los propósitos de Dios, apunta más allá del presente hacia un futuro más brillante en la gloria

---

[3] Una "escatología sobre-realizada" es cuando alguien espera que la esperanza escatológica del cristianismo esté ya aquí y ahora de manera completa. Esto conduce a lo que a veces se llama un "evangelio de la prosperidad", que se entiende mejor como una escatología sobre-realizada que espera que algo que finalmente sucederá para aquellos que están en Cristo suceda ahora mismo.

escatológica y, por tanto, hace justicia a la tensión bíblica que supone vivir en el mundo entre Pentecostés y la Parusía. ¿Por qué, entonces, debemos estudiar la fe reformada hoy? La respuesta es porque ofrece el antídoto más eficaz y bíblico contra las fuerzas que nos rodean y que más amenazan al cristianismo. Estas son el consumismo materialista occidental y sus ideologías concomitantes de la superioridad de lo nuevo y el rechazo de lo antiguo. La guerra cultural que nos rodea es, a un nivel muy profundo, una guerra contra la historia y, por tanto, contra el Dios que actúa en la historia y a través de ella. En este contexto, la fe reformada expone la importancia teológica de la historia con suprema claridad; y también nos ofrece un marco para hacer justicia no sólo a la historia bíblica sino también a la tradición eclesiástica.

Los tiempos son difíciles para los reformados tradicionales, entre otras cosas por este cuestionamiento actual del valor de la historia. Pero no deben desanimarse: si Dios ha actuado en el pasado, actuará en el presente y en el futuro. Dejo, pues, las últimas palabras a Caspar Wistar Hodge Jr., que concluía el ensayo aludido anteriormente de la siguiente manera:

Aunque en los círculos teológicos y en los tribunales eclesiásticos los líderes del pensamiento reformado encuentran escaso reconocimiento, allí donde las almas humildes captan la visión de Dios en su gloria y se inclinan en humildad y adoración ante Él, confiando para la salvación sólo en su gracia y su poder, allí está la esencia de la fe reformada. Dios en su providencia puede todavía suscitar un líder del pensamiento religioso que vuelva a hacer de la fe reformada una potencia en el mundo teológico. Si esto sucede, podemos esperar con confianza un verdadero renacimiento de la religión en el mundo protestante.[11]

---

[11] C. W. Hodge, 'The Reformed Faith', Evangelical Quarterly 1 (1929), 3-24,23-24.

CAPÍTULO 2: ¿LA PERDIDA DE LA REFORMA?

Un cambio cultural significativo

Uno de los acontecimientos más importantes de la posguerra tuvo lugar en 1960. Fue un ejemplo temprano de lo que ahora es tan común que pasa desapercibido o no se comenta, pero lo que indicaba sobre el cambio que se estaba produciendo en la cultura occidental era poco menos que estremecedor. Me refiero, por supuesto, al debate presidencial previo a las elecciones entre el candidato demócrata, John F. Kennedy, y su rival republicano, Richard M. Nixon.

El debate en sí mismo no tuvo nada de extraordinario -fue una elección bastante normal-, salvo por un resultado fascinante y significativo: los que escucharon el debate por radio pensaron que Nixon había ganado, pero los que lo vieron por televisión estaban convencidos de que era Kennedy, y no Nixon, quien había salido victorioso. ¿La razón? En la radio, las agudas habilidades oratorias de debate del republicano lo colocaron en el asiento de mando; pero en la televisión, Nixon, recién salido del hospital, parecía agotado y demacrado, y daba una imagen lamentable al lado del bronceado, relajado y vibrante Kennedy. El hecho de que este último ganara ampliamente en televisión fue una señal gráfica de que la era moderna de la televisión había llegado realmente.

Lo que este acontecimiento de 1960 indicaba que estaba ocurriendo se ha convertido, desde entonces, en un cambio sísmico en la naturaleza de nuestra cultura. Cada vez más, es la imagen, lo visual, lo que manda: desde las desgarradoras imágenes de las víctimas de las bombas en Irlanda del Norte y los millones de hambrientos en África hasta el glamour trivial de las estrellas de cine y los músicos populares, el mundo de hoy está dominado por las imágenes y los iconos.

El signo más evidente de este fenómeno es que el punto central del poder real en el mundo moderno son los medios de comunicación, en particular los medios predominantemente visuales de la televisión y los periódicos sensacionalistas. De hecho, el siguiente comentario de Marshall McLuhan sobre la guerra de Vietnam expresa sucintamente el enorme poder de la televisión en el mundo actual:

> La televisión llevó la brutalidad de la guerra a la comodidad del salón. La guerra de Vietnam se perdió en las salas de estar de Estados Unidos, no en los campos de batalla de Vietnam.[1]

No es de extrañar, pues, que los hombres y mujeres más poderosos del mundo actual no sean probablemente los políticos, sino los magnates de los medios de comunicación, como Rupert Murdoch y Ted Turner. Los políticos, después de todo, dependen

---

[1] *Montreal Gazette,* 16 de mayo de 1975.

para su supervivencia de la buena voluntad de los medios de comunicación, en particular de la televisión.

Clinton sólo se libró de la debacle de Lewinsky al final del día porque los medios de comunicación decidieron convertir a Kenneth Starr en el villano. La monarquía británica sólo sobrevivió (tristemente) como lo hizo tras la muerte de la princesa Diana porque los medios de comunicación decidieron hacer callar los ladridos de los sabuesos; y también, aunque el partido político de los tories estaba sin duda en vías de salir del poder en 1997, quizás Tony Blair sólo ganó las elecciones ese año con una mayoría tan amplia como lo hizo porque había conseguido el apoyo de Rupert Murdoch para su causa. No olvidemos la visita que Blair le hizo a Murdoch en el período previo a las elecciones, o el papel crucial del periódico *The Sun* en la victoria igualmente notable de John Major en 1992.

Además, no hay más que ver los miles de millones de dólares y libras esterlinas que se gastan en publicidad para ver dónde esta "el mercado" (este juez infalible de lo que es y no es importante en la sociedad contemporánea) considera que están los verdaderos centros de poder en la actualidad. Estos centros de poder son la publicidad, el tiempo de emisión en televisión y las consultorías de imagen/representación, cuya única razón de ser es la manipulación o "giro" de los medios de comunicación en beneficio de un cliente.

Los medios de comunicación visuales (ya sean televisivos o periodísticos), con todo el bagaje asociado de los "expertos en propaganda", relaciones públicas, etc., son sin duda una de las fuerzas dominantes en nuestra cultura actual, lo que ha llevado a un sesgo cultural general a favor de lo visual y en contra de lo verbal.[2] Así, en el ámbito del entretenimiento, la televisión es más popular que la radio; y en la política es más importante lucir bien que articular un argumento coherente.[3] Cualquiera que necesite convencerse del poder de los medios de comunicación visuales, y en particular de la televisión, debería dedicar algún tiempo a reflexionar sobre el modo en que han demostrado ser capaces, a lo largo de los años, de controlar el pensamiento de la gente hasta el punto de que a menudo han sido capaces de borrar los límites entre los hechos y la fantasía, la verdad y la realidad. Hay algunos ejemplos obvios de esto: la reciente campaña publicitaria de la popular telenovela británica *Eastenders* llevaba el eslogan "Todo el mundo habla de ella", y mostraba a personas normales, en diversas situaciones corrientes, hablando de los personajes y acontecimientos del programa como si fueran reales.

Puede parecer una tontería, pero cualquiera que haya hecho cola durante algún tiempo en una parada de autobús o en la caja de un supermercado puede dar fe de que esas conversaciones son cotidianas y que se habla de los personajes de la telenovela de una forma que indica que son más "reales" para mucha gente que algunos políticos y personajes públicos importantes. De hecho, cuando alguien plantea la pregunta en el parlamento británico de la Cámara de los Comunes sobre el encarcelamiento injusto de un personaje de la telenovela *Coronation Street*, lo que podemos decir en el mejor de los casos es que los parlamentarios están

---

2 Para un interesante debate sobre esto, véase Neil Postman, *Amusing Ourselves to Death* (Londres: Methuen, 1987).

3 Resulta extraño que, mientras escribía este artículo, un periódico nacional publicara como noticia breve la noticia de que el líder libio, el coronel Gadaffi, ha contratado a una empresa de relaciones públicas de Londres para que le ayude a mejorar su imagen pública. Parece que en el mundo actual ni siquiera los dictadores pueden permitirse ignorar su imagen pública: véase *The Scotsman*, 28 de agosto de 1999.

despilfarrando burdamente el dinero público (aunque con la aparente diversión y aprobación del público en general, al menos refractada a través de los medios de comunicación); y en el peor de los casos, tenemos una grave crisis para distinguir entre lo que es real y lo que no lo es, entre lo que es importante y lo que es totalmente trivial.

Un ejemplo más dramático, y en muchos sentidos más preocupante, de este mundo de fantasía creado por la televisión fue, por supuesto, el fenómeno de la princesa Diana. Las escenas de histeria masiva que siguieron a la trágica muerte de una joven madre fueron sencillamente increíbles, pero lo que fue realmente inquietante, si no un poco aterrador, fue el lenguaje de familiaridad que muchos de los dolientes entrevistados en la televisión utilizaron en relación con la princesa muerta: "era una amiga para todos"; "la sentíamos como una de los nuestros"; "era como una hermana mayor para mí".

Abundaban las declaraciones de este tipo, que daban a entender que existía una relación real y personal entre la princesa Diana y los entrevistados. Pero, no era así: lo único que estas personas habían llegado a conocer una imagen, aunque cuidadosamente cultivada, de una joven a la que en verdad nunca conocieron, pero que entró en sus casas y en sus vidas a través de la caja televisiva de magia electrónica situada en un rincón de su sala.

Entonces, en un momento de tragedia para la Princesa y sus familiares y amigos cercanos, estos desconocidos también se habían visto arrastrados por la muerte y habían quedado desconsolados, no por la muerte de una amiga real, sino por la muerte de una imagen, de un personaje en un mundo de fantasía. El hecho de que fueran incapaces de discernir la diferencia es quizá el testimonio más elocuente del poder de la televisión en nuestro tiempo.[4] Paralelamente al auge de la cultura visual impulsada por la televisión, se ha producido el colapso de la confianza en el lenguaje. En el ámbito académico, esto se ha manifestado de forma más dramática en gran parte de la filosofía lingüística moderna, de la que fueron pioneros los intelectuales franceses en los años sesenta y setenta, y que fue retomada con cierta fuerza por los científicos sociales británicos y estadounidenses en los años ochenta y noventa.[5]

Aunque hay una gran variedad de "posmodernismos", algunos rasgos son comunes a casi todas las filosofías incluidas en el término: el rechazo de las "metanarrativas" globales que proporcionan una descripción completa de la realidad. El rechazo

---

[4] A modo de epílogo, se podría añadir que el colapso del interés por Diana, atestiguado por la creciente apatía del público hacia el aniversario del accidente, indica lo superficiales que eran las emociones implicadas en el fenómeno original. La rapidez con la que la gente puede recuperarse de las tragedias en sus mundos de fantasía, de hecho, es tan rápidamente como los personajes de las telenovelas se recuperan rutinariamente de las más horrendas desgracias personales.

[5] La literatura en este campo es muy amplia. Los movimientos a los que me refiero se asocian más comúnmente con la obra de Michel Foucault, Jacques Derrida y los escritos posteriores de Roland Barthes; en Estados Unidos, Stanley Fish, profesor de la Universidad de Duke, ha sido quizá el más destacado en la propagación de la deconstrucción literaria. Para un estudio popular de las cuestiones desde una perspectiva cristiana, véase D. A. Carson, *The Gagging of God: Christianity Confronts Pluralism* (Leicester: Apollos, 1996). Una respuesta entretenida -aunque, desde la perspectiva deconstruccionista y poco persuasiva- al posmodernismo por parte de la comunidad científica es Alain Sokal y Jean Bricmont, *Intellectual Impostures: Postmodern Philosophers' Abuse of Science* (Londres: Profile Books, 1998). Este libro contiene el relato y el texto del divertidísimo engaño de la "hermenéutica de la gravedad cuántica", una excelente parodia de la pretenciosa basura verbal de demasiados teóricos críticos. Terry Eagleton realiza una crítica muy aguda desde el ámbito literario: véanse sus libros *The Illusions of Postmodernism* (Oxford: Blackwell, 1996) y *After Theory* (Londres: Penguin, 2003).

de la idea de que los textos lingüísticos puedan transmitir un significado estable (en efecto, la negación de que la intención del autor tenga alguna importancia para entender el significado de un texto, la afirmación de la llamada "muerte del autor"); y una profunda sospecha de los motivos que subyacen a cualquier texto.

Los textos escritos se convierten no tanto en medios de comunicación o de construcción de relaciones, sino en campos de batalla para afirmar el poder propio sobre el otro, o el poder de una comunidad sobre otra, mediante el privilegio o la imposición de la propia interpretación frente a la de los demás.

En un universo así, la teología evangélica no es bíblica en el sentido de que refleja la mente de Dios expresada en las Escrituras; es "bíblica" en el sentido de que representa la imposición de la interpretación particular de un grupo sobre la Biblia como medio de definirse por encima y en contra de otros y de excluir u oprimir a esos otros, ya sean minorías étnicas, liberales, clase trabajadora, etc.

Aunque este tipo de teorías ha sido, en gran medida, el juego de las canicas de cristal de unos pocos intelectuales, los paralelismos con lo que ocurre en el mundo en general son bastante sorprendentes. Las tertulias televisivas indican la existencia de un mundo que nunca ha oído hablar de Jacques Derrida y en el que las cuestiones de moralidad y conocimiento se deciden en función de qué individuo o grupo es capaz de exponer su propia agenda con más poder de persuasión o, a veces, con más fuerza bruta. Y ese poder y esa fuerza, al menos en los programas de tertulia (y no debemos subestimar el poder de estos y otros fenómenos similares en la formación de la opinión), son más a menudo una consecuencia de la imagen proyectada, de la posición de las cámaras, de los asientos de los invitados, del cuidadoso montaje, que de los méritos o deméritos intrínsecos de cualquier punto de vista o argumento particular.

Aquí tenemos, pues, la confluencia de la naturaleza visual de nuestra cultura con el relativismo radical inducido por el impacto popular del posmodernismo. En efecto, la subordinación del lenguaje a la imagen y el auge de la deconstrucción y de la teoría crítica no son, sin duda, fenómenos ajenos: ambos forman parte de lo que podríamos llamar la larga guerra contra las palabras.

El ascenso de los medios de comunicación visuales a una posición de dominio cultural y el colapso paralelo generalizado de la confianza en el lenguaje tiene su corolario en las diversas búsquedas para encontrar la "verdad" en otro lugar y en otras formas. La búsqueda para encontrar la "verdad" en lo visual y en lo estético, en todo el ámbito de la experiencia sensorial en contraposición a la cognición o la actividad intelectual. En el ámbito religioso, lo estético está ganando terreno frente a lo cerebral.

El auge de la religión de la Nueva Era y la espiritualidad celta son sólo dos fenómenos religiosos que ponen menos énfasis en la doctrina y el dogma y más en los aspectos visuales y estéticos del culto. Incluso en los círculos evangélicos, el implacable ataque a la revelación "proposicional" y los constantes gritos a favor de nuevos modelos de verdad, que se escuchan desde ciertos sectores, parecerían sintomáticos del impacto que la escena cultural general esta teniendo sobre la teología. En la misma medida en que esa incorporación de la cultura general se basa en una absorción acrítica de algunas de las premisas filosóficas de la filosofía secular, en esa misma medida se convierten en los ejemplos más recientes de la mundanalidad evangélica.

Dado el evidente poder de lo visual y la debilidad comparativa de lo verbal en la sociedad contemporánea, lo que quiero ofrecer aquí es un análisis de la situación que ponga estos fenómenos en perspectiva bíblica. El mundo evangélico, por supuesto, está lleno de estudios sociológicos de moda y de jerga ofuscadora, y no es mi intención contribuir al tipo de narcisismo intelectual que tanto representa.

En cambio, quiero indicar cuáles son las implicaciones teológicas de este cambio cultural hacia lo visual, y argumentar que aquellos evangélicos que, por las mejores razones del mundo, buscan adaptar acríticamente sus esfuerzos teológicos, su evangelismo y su vida eclesiástica a las normas de la sociedad moderna, visual/estética, están cometiendo un error potencialmente muy grave. El giro -o, más bien, el retorno- a lo visual y a lo estético es, en última instancia, un acto teológico con profundas implicaciones teológicas.

Una visión bíblica del lenguaje

De lo dicho anteriormente se desprende que el actual clima cultural plantea a la teología evangélica una serie de cuestiones importantes a las que la iglesia debe responder si quiere seguir siendo una fuerza eficaz en el mundo en el que pretende dar testimonio. Por ejemplo, en un mundo en el que las palabras tienen ahora sólo una importancia secundaria, ¿puede mantenerse el énfasis tradicional en las palabras, es decir, la Biblia, la predicación, etc.? ¿o no debería darse el paso a otra cosa, a otros medios de comunicar el mensaje que no sean palabras?

La importancia de la contextualización en los contextos transculturales está ahora ampliamente aceptada y es difícilmente algo controversial: ¿no debería quizás aplicarse radicalmente el mismo enfoque a la naturaleza general de la teología evangélica basada en palabras para producir algo de forma muy diferente pero más adecuado a una cultura visual? Por otra parte, con la trivialización de lo que es real que parece inculcar la cultura televisiva, ¿cómo puede la Iglesia ganar audiencia y luego imprimir en esa audiencia la urgencia de su mensaje? A menos que la iglesia pueda dar una respuesta bien pensada a preguntas como éstas, su eficacia futura será mínima.

Por supuesto, no tengo ni el tiempo ni el espacio para tratar exhaustivamente estas cuestiones aquí. Lo que quiero hacer, sin embargo, es sentar las bases para entender lo que está ocurriendo en nuestra cultura desde una perspectiva teológica. Se podrían dar varias explicaciones sociales, económicas, psicológicas y tecnológicas de los fenómenos antes señalados, y todas serían de alguna utilidad; sin embargo, lo más importante es la explicación teológica, ya que es la que determinará en última instancia la esencia de la respuesta de la Iglesia.

En el fondo, los fenómenos señalados aquí son cuestiones de lenguaje: el auge de la cultura televisiva ha llevado a la subordinación del lenguaje de las palabras a la imagen visual. La industria de las relaciones públicas, y los expertos en publicidad, se basa en la cuidadosa manipulación del lenguaje para conseguir determinados fines mediante la creación de una determinada imagen que pueda hacerse pasar por la realidad; y el posmodernismo de Derrida y compañía se ocupa de exponer los verdaderos intereses que se esconden tras la interpretación del lenguaje y de los textos que, de acuerdo a ellos, en sí mismos no tienen ningún significado fijo. Por lo tanto, para que la Iglesia pueda dar una respuesta adecuada, es importante comprender primero la importancia del lenguaje desde una perspectiva bíblica.

Para resumir el asunto bíblico en una nuez: el lenguaje en la Biblia es la base de las relaciones interpersonales. La creación, por supuesto, es un acontecimiento sumamente misterioso, pero es significativo que la Biblia utilice el lenguaje del habla para expresar la actividad creadora de Dios. En el Génesis 1 y 2, es Dios el que conversa y habla, dentro de sí mismo, y el acto de la creación surge precisamente de este tipo de conversación interpersonal entre los miembros de la Trinidad. Luego, en el Jardín del Edén, la relación de Dios con Adán se expresa a través del lenguaje. Así es como Dios define la naturaleza y los límites de la relación entre ambos y, tras la caída, es como Dios enfrenta a Adán y Eva con su pecado. El mismo patrón se repite a lo largo de toda la Biblia en ambos testamentos: ya sea un mandato o una promesa, los dos aspectos básicos de la relación divino-humana están presentes, Dios habla utilizando palabras para definir su relación con los hombres, para limitarla o para hacerla avanzar: habla a Noé, a Abraham, a Samuel, a David, etc.

En efecto, el uso del lenguaje por parte de Dios es el elemento más fundamental que permite considerar el encuentro entre Dios y la humanidad como una relación personal. Como dice Carl Henry:

El punto de vista bíblico implica que Dios instituyó el lenguaje como vehículo para la comunicación interpersonal y el compañerismo con el ser humano. En las relaciones con la humanidad Dios emplea voluntariamente el lenguaje como una acomodación divina. El lenguaje nos permite objetivar y comunicar nuestros pensamientos y pretensiones de conocimiento, así como nuestras emociones, deseos y fantasías. Es imposible ver cómo sería posible la cultura humana sin el lenguaje. Sin embargo, el lenguaje fue dotado divinamente no para proporcionar una base para la cultura, sino para facilitar la comunión inteligible entre el hombre y Dios y la comunicación de la verdad.[6]

Esta función del lenguaje, de las palabras, la gramática, la sintaxis y las oraciones como esencia de las relaciones interpersonales, se ve reforzada por el relato de la Torre de Babel. Ante el orgullo y la arrogancia de la humanidad caída, ¿qué es lo que hace Dios para desbaratar las relaciones humanas hasta el punto de no poder volver a intentar un plan tan ambicioso? Crea una confusión lingüística para que lo que es fundamental en las relaciones humanas -la comunicación lingüística clara- quede totalmente interrumpida. A partir de ese momento, las relaciones entre los seres humanos se verán gravemente limitadas precisamente por la pérdida de la moneda lingüística común.

Y luego entonces, como si la enseñanza bíblica general de la importancia del incidente de Babel necesitara ser subrayada, y en particular del lenguaje en este evento, tenemos el incidente de Pentecostés, cuando se da el don de las lenguas para que el evangelio pueda ser escuchado y comprendido por la multitud cosmopolita de Jerusalén. Aunque la propia Biblia no establece ninguna relación explícita entre ambos acontecimientos (y la pluralidad de lenguas se mantiene claramente en Pentecostés), el suceso es muy sugestivo: la perturbación de Babel, causada por el pecado humano y la consiguiente confusión de lenguas, se supera en Cristo por obra del Espíritu Santo. Las relaciones entre Dios y la humanidad, y entre los seres humanos individuales, se sanan y se restauran en el contexto de la salvación en Cristo y se expresan en términos de la superación de la confusión lingüística.

---

6 Carl F. H. Henry, *God, Revelation and Authority*, 6 vols. (Carlisle: Paternoster, 1999), III, p. 387.

Por supuesto, al decir todo esto no pretendo argumentar que las palabras son la única forma en que la Biblia expresa la realidad de la relación entre Dios y la humanidad. El papel de la presencia (o ausencia) de Dios es también una categoría clave en este sentido. El lenguaje tampoco es el único modo en que Dios se comunica con la humanidad. El elaborado sistema de sacrificios del Antiguo Testamento, el uso por parte de muchos de los profetas de incidentes dramáticos para enfatizar su mensaje, los milagros del propio Cristo y las ordenanzas del bautismo y la Cena del Señor, demuestran el uso divino de medios visuales y otros medios estéticos para la comunicación entre Dios y la humanidad.

Sin embargo, es importante comprender que el significado fundamental de todas las acciones de Dios en estos contextos requiere, en última instancia, la expresión de una forma verbalizada, a menudo en las categorías de mandato y promesa. La presencia o la ausencia de Dios siempre está relacionada con la obediencia o la desobediencia a los *mandatos* de Dios; y el sistema de sacrificios, la dramatización o acciones de los profetas, los milagros de Cristo y el bautismo y la Cena del Señor están todos vinculados en algún nivel a los mandatos y las promesas de Dios. En cada caso, las palabras y las frases dan a las acciones su verdadero sentido y significado teológico.

De hecho, no deja de ser significativo que Moisés diga a los israelitas que, cuando sus hijos les pregunten por la Pascua, no se limiten solamente a celebrarla, sino que les cuenten la historia de la huida de los israelitas de Egipto. La celebración de la Pascua, al igual que el sistema de sacrificios y los milagros de Cristo, no es en sí misma una interpretación: requiere una explicación verbal para extraer su significado. Por tanto, las palabras son de vital importancia para la religión bíblica, incluso cuando se considera que los signos, los acontecimientos y los símbolos tienen un papel crucial.

La Reforma como recuperación de la importancia teológica de las palabras

Dada la importancia bíblica del lenguaje como la esencia de las relaciones humanas y, lo que es más importante, como la esencia de la relación de Dios con la humanidad, me gustaría argumentar que es posible interpretar el impacto teológico de la Reforma del siglo XVI como, desde una perspectiva, una recuperación de la centralidad bíblica de las palabras. Aunque podrían sugerirse muchas perspectivas teológicas para interpretar la Reforma -la cuestión de la seguridad de salvación, la recuperación de la justificación por la fe, el énfasis en la *sola escritura*, etc. - el papel teológico que la Reforma asignó a las palabras es, en mi opinión, el de mayor importancia para nosotros hoy en día.

La importancia de las palabras en la Reforma es, por supuesto, bien conocida. El papel de los servicios eclesiásticos y de las Escrituras en la lengua vernácula fue fundamental para el proyecto de la Reforma en su conjunto, como demuestra ampliamente la labor de William Tyndale en Inglaterra y de Martín Lutero en Sajonia, entre otros. En todos los lugares en los que la Reforma tuvo impacto, lo hizo a través de la producción y proliferación de las Escrituras en lengua vernácula y la predicación (es decir, la proclamación verbal) de la Palabra de Dios.

Quizás el signo más visualmente gráfico del cambio del énfasis sacramental del catolicismo medieval al énfasis basado en la predicación de la Palabra de los reformadores fue el cambio en la arquitectura de las iglesias. Al entrar en cualquier gran catedral medieval, es probable que uno se sorprenda por la forma en que el diseño centra la atención en la elaborada estructura del altar de la misa. Sin embargo, al entrar en algún lugar como la catedral (protestante) de San Giles en Edimburgo, lo más llamativo es la forma en que el púlpito elevado es lo central en la catedral, y las sillas están dispuestas en todos los lados, mirando hacia adentro. ¿La razón? La arquitectura de las iglesias centra la atención en lo que es la parte más importante del servicio religioso. En el catolicismo medieval, la misa era lo central; en el protestantismo de la Reforma, la predicación de la Palabra era lo central. En cada caso, el diseño de la iglesia simplemente reflejaba la ideología subyacente. No se trata de argumentar aquí que la predicación no desempeñaba ningún papel en absoluto en el catolicismo medieval, ni los sacramentos en el protestantismo de la Reforma no tenían importancia, sino de hacer una observación muy significativa sobre los énfasis y las prioridades las cuales reflejan el corazón de la diferencia entre las dos trayectorias teológicas.

La teología orientada a la predicación de la Palabra de la Reforma se enmarca en un movimiento más amplio en Europa Occidental en una cultura orientada a las palabras. La invención de la imprenta en el siglo XV había permitido abaratar mucho los libros y había impulsado el aumento de las tasas de alfabetización, con lo que la imprenta se convirtió en el medio de comunicación de mayor influencia de la época.

En consecuencia, los libros y folletos se convirtieron en el medio básico de difusión de las ideas de la Reforma en la escena internacional. De hecho, la relación entre la imprenta y la Reforma fue tan sumamente estrecha que un historiador reduccionista podría verse tentado a considerar la Reforma como una nota a pie de página en la historia de la imprenta. Sin embargo, esto no haría justicia a la intención de los reformadores. Para ellos, la conexión entre su teología y el medio de difusión de esa teología no era un artificio arbitrario, una coincidencia conveniente o, en última instancia, una adaptación acrítica y autoconsciente a la cultura circundante. En absoluto. En realidad, surgió de su doctrina particular de Dios como el que habla y, como tal, su énfasis de la predicación de la Palabra está ligada a su doctrina de Dios y no es formalmente separable de ella.

Este punto se puede poner de manifiesto al observar la comprensión de la Reforma sobre las marcas de la verdadera iglesia. Tanto Lutero como Calvino defendieron dos de estas marcas como esenciales: la Palabra correctamente predicada y los sacramentos verdaderamente administrados. Lo que es significativo es la prioridad práctica que ambos dan a la Palabra predicada. Tanto para Lutero como para Calvino, la verdadera administración de los sacramentos requiere necesariamente que ésta tenga lugar en el contexto de la predicación de la Palabra, y que no se trate de palabras ocultas en una lengua extraña, como el latín de la misa medieval, sino que se pronuncie claramente de una manera que todos la puedan entender.

Esto es el resultado directo de su comprensión de Dios como un Dios que promete; y la fe como algo que se apropia de esa promesa. La idea de una promesa conlleva ciertas ideas que deben ser ciertas para que la promesa cumpla su propósito. La persona que promete debe ser capaz de cumplir la promesa, y por lo tanto esa persona debe ser un "ente conocido". Más aún, si la promesa ha de ser válida, entonces la revelación de la persona en palabras y acciones debe indicar que dicha persona es capaz de cumplir la promesa, y el receptor debe ser capaz de entender la promesa y actuar en consecuencia.

Pero ante todo, una promesa debe tener un componente
verbal: los signos de los sacramentos no son de fiar en sí mismos
porque, por sí solos como una imagen, no tienen un significado
intrínseco o estable. Son, en sí mismos, sólo signos y, para los
reformadores, los signos solamente en el contexto lingüístico de
la promesa se convierten, en sentido literal, en significativos y lo
que estos significan puede ser captado por la fe.

Por ejemplo, los aspectos estéticos de la Cena del Señor -la
comida, la bebida, las imágenes visuales- eran importantes para
los reformadores. Sin embargo, sólo eran importantes en la
medida en que las palabras de la predicación, y las palabras
pronunciadas al momento de la celebración de la institución
creaban un contexto en el que el significado de la Cena del Señor
podía ser comprendido. Esto queda claro, por ejemplo, en los
siguientes comentarios de Lutero y Calvino. Primero, Lutero:

> Lo que deploramos, en la servidumbre de la iglesia, es que los
> sacerdotes tengan todo el cuidado hoy en día para que ningún
> laico oiga estas palabras de Cristo... Toda la virtud de la misa
> consistía en las palabras de Cristo, cuando daba testimonio de
> la remisión de los pecados de todos los que creían que su
> cuerpo había sido entregado por ellos y su sangre derramada
> por ellos. Por eso, nada es más importante para los que oyen la
> misa que meditar sus palabras con atención y en plenitud de fe.
> Si no lo hacen, todo lo demás es en vano.[7]

[7] John Dillenberger, ed., *Martin Luther*, (Anchor Books: Nueva York,
1961), 276, 278. El pasaje está tomado del famoso tratado de Lutero de
1520, *Sobre el cautiverio babilónico de la Iglesia*, de la sección en la que
ataca a la iglesia contemporánea por socavar la naturaleza de la promesa-
fe de la teología y la práctica cristianas, tanto al celebrar la misa en latín
como al susurrar las palabras de la institución para que nadie pudiera
entender o incluso oír lo que se decía.

Y luego Calvino afirma:

> La correcta administración del Sacramento no puede estar al margen de la Palabra. Porque cualquier beneficio que se obtenga de la Cena requiere la Palabra. Si hemos de ser confirmados en la fe, o ejercitados en la confesión, o despertados al deber, hay necesidad de la predicación. Por lo tanto, no hay nada más absurdo en la Cena que convertirla en una acción silenciosa, como ha sucedido bajo la tiranía... del Papa. Si se recitan las promesas y se declara el misterio, para que los que van a recibirlo lo reciban con provecho, no hay razón para dudar de que se trata de una verdadera consagración.[8]

En ambos casos, el mensaje es precisamente el mismo: los beneficios de la Cena del Señor no están disponibles simplemente a través de la experiencia estética de estar presente y participar de los elementos, sino que las *palabras* de la institución, las palabras de la promesa, necesitan ser escuchadas por la congregación y captadas por la fe si la ordenanza ha de tener su efecto previsto. El tipo de salvación que ofrece el Dios cristiano exige palabras, ya sean de promesa o de mandato, para definir y delimitar la naturaleza de su relación con sus criaturas.

No es de extrañar que este énfasis en las palabras, que encontramos, por ejemplo, en la visión de Calvino sobre los sacramentos, se refleje en la comprensión del Reformador sobre la inspiración de las Escrituras, que no se basa en primer lugar en el impacto subjetivo de esas Escrituras sobre el lector, sino en la

---

[8] Juan Calvino, *The Institutes of the Christian Religion*, ed. Ford Lewis Battles (Filadelfia: Westminster Press, 1960), 4.17.39.

naturaleza de la autoría de las mismas. Como dice Calvino al comentar el famoso pasaje de 2 Timoteo 3:16:

Para sostener la autoridad de la Escritura, [el apóstol] declara que es *divinamente inspirada*; pues, si es así, está fuera de toda controversia que los hombres deben recibirla con reverencia.

Este es un principio que distingue a nuestra religión de todas las demás, que sabemos que Dios nos ha hablado, y estamos plenamente convencidos de que los profetas no hablaron por sugerencia propia, sino que, siendo órganos del Espíritu Santo, sólo pronunciaron lo que se les había encargado declarar desde el cielo.[9]

De hecho, aquí vemos dos aspectos de la teología de la Reforma de Calvino que contrastan fuertemente con las tendencias culturales e intelectuales actuales: un énfasis en la importancia central de las palabras como medio fundamental de comunicación; y un énfasis en el autor y en la intención del autor, más que en la respuesta del lector centrada en el individuo o la comunidad, como determinante del significado de un texto.[10]

---

[9] Juan Calvino, *Commentaries on the Pastoral Epistles*, trans. William Pringle (Grand Rapids: Eerdmans, 1948), 248-49.

[10] Soy muy consciente de las cuestiones relativas a la intención del autor, sobre todo en relación con un documento como la Biblia, en el que el cristianismo ortodoxo destaca la realidad y la importancia tanto de la autoría divina última como de la autoría humana inmediata de los diversos escritores de los libros de las Escrituras. En este contexto, considero que la distinción que hace Kevin Vanhoozer entre los contextos intencionales de los diversos autores humanos y del propósito canónico general de Dios es útil para hacer justicia a las riquezas del texto bíblico sin reducir, por ejemplo, Isaías 53 a los límites precisos que el propio Isaías pretendía conscientemente al proclamar ese pasaje: véase Kevin J. Vanhoozer, *Is There a Meaning in This Text? The Bible, the reader and the morality of literary knowledge* (Leicester: Apollos, 1998), esp. 265.

Dios es un Dios que habla, que se comunica a sí mismo y que consigue lo que quiere conseguir en gran parte mediante el uso de las palabras: los mandatos, las promesas, las revelaciones de su poder, su gracia, su justicia y su gloria se hacen con palabras, o de una manera que puede expresarse y comunicarse a través del medio de las palabras, un hecho del que la propia existencia de la Biblia y la centralidad de la declaración verbal del camino de salvación de Dios son, literalmente, testimonios elocuentes.

Por supuesto, el énfasis de la Reforma en la centralidad de las palabras para la salvación también se expresa en la forma en que los individuos se apropian de la salvación. La caída de la naturaleza humana y la soberanía y libertad supremas de Dios significan que las palabras en sí mismas no tienen poder para convertir o lograr el propósito que Dios pretendía. En cambio, las palabras se combinan con la actividad del Espíritu de Dios dentro de una economía trinitaria de la salvación que subraya la naturaleza sobrenatural de la gracia de Dios. Una vez más, podemos recurrir a Calvino para obtener una descripción de esto. Continuando con su comentario sobre 2 Timoteo 3:16, señala:

El mismo Espíritu, por tanto, que hizo que Moisés y los profetas estuvieran seguros de su vocación, ahora también testifica a nuestros corazones que los ha empleado como siervos suyos para instruirnos. En consecuencia, no debemos extrañarnos de que haya muchos que duden del autor de la Escritura; pues, aunque la majestad de Dios se muestra en ella, nadie, salvo los que han sido iluminados por el Espíritu Santo, tiene ojos para percibir lo que, en verdad, debería haber sido visible para todos y, sin embargo, sólo es visible para los elegidos.[11]

El testimonio del Espíritu, por tanto, es lo que da a las palabras de la Escritura poder de convicción, convenciendo a los corazones y a las mentes de que no es una ficción puramente humana, sino una palabra del Dios vivo. El mismo tipo de dinamismo pneumático con respecto a las palabras es expresado por William Tyndale en un pasaje de sus inicios cuando está discutiendo la relación entre las palabras, la predicación y la conversión:

Cuando se predica a Cristo y se repiten las promesas, los corazones de los elegidos y escogidos comienzan a ablandarse y a derretirse ante la generosa misericordia de Dios y la bondad mostrada por Cristo. Porque cuando se predica el evangelio, el espíritu de Dios entra en los que Dios ha ordenado y designado para la vida eterna, y abre sus ojos interiores, y obra la creencia en ellos. [12]

La obra del Espíritu es de nuevo de importancia central, ya que esto proporciona a las palabras predicadas su poder. No se trata de una relación culturalmente condicionada, sino de una profunda conexión teológica que tiene sus raíces en una comprensión de Dios como alguien que promete (y que, por definición, habla) y en una comprensión del registro bíblico que pone gran énfasis en el poder creativo y espiritual del acto de Dios de hablar a sus criaturas por su Espíritu a través de su Palabra expresada en palabras.

---

[11] Juan Calvino, *Commentaries*, 249.
[12] William Tyndale, *The First Printed English New Testament*, ed. T. Arber (Londres, 1871), 10-11.

Podemos resumir esta sección, pues, haciendo las siguientes observaciones: la Reforma representó, en términos de cultura teológica, el paso de una teología visual, estética y centrada en los sacramentos a una teología basada en la palabra, en la que las Escrituras escritas y la Palabra predicada de manera oral se situaban en el centro de la creencia y la práctica. Esto en sí mismo, aunque reflejaba un movimiento general en la cultura más amplia hacia las palabras, causado en gran medida por la llegada de la imprenta y el aumento de las tasas de alfabetización, era en sí mismo un desarrollo teológico, vinculado a una comprensión de Dios como un Dios que habla y hace promeses, y cuyas promesas habladas debían ser captadas por el individuo a través de la fe. La centralidad de las palabras, habladas y escritas, era la esencia del tipo de salvación y vida cristiana que proponía la Reforma, y no una mera acomodación al medio cultural circundante.

Conociendo los tiempos

Habiendo ofrecido una interpretación del mensaje bíblico y de la teología de la Reforma centrada en el estatus teológico y la función de las palabras, ahora estamos en condiciones de poder evaluar las tendencias contemporáneas que he esbozado anteriormente en el capítulo y ofrecer una respuesta teológica.

Tomando los últimos puntos, los relativos a la filosofía lingüística contemporánea y al "postmodernismo", se sugieren las siguientes observaciones. En primer lugar, está claro que la negación de cualquier papel de la intención del autor en la determinación del significado de un texto es letal para el cristianismo evangélico. Si el significado de los textos está determinado por lo que el lector individual o la comunidad lectora "lee en" dichos textos, entonces nos quedamos con un Dios que simplemente no puede ser conocido e incluso nuestros mejores pensamientos sobre él no son más que lo que el filósofo alemán Ludwig Feuerbach acusó a todas las declaraciones teológicas de ser: nada más que la proyección psicológica de nuestras propias aspiraciones religiosas y morales.

En pocas palabras, si la intención del autor divino no informa y determina en última instancia el significado de las Escrituras, entonces se dan tres cosas: las escrituras no tienen un conjunto normativo o una gama de significados; la teología se convierte en una mera reflexión sobre la psicología religiosa humana; y Dios sigue siendo de manera esencial desconocido e incognoscible.

Probablemente no sea exagerado decir en este punto que la crítica literaria deconstructiva que ha sido recibida con tan incomprensible regocijo por muchos académicos occidentales en los años ochenta y noventa no es más que la última manifestación de la rebelión humana contra Dios, de la negativa inflexible de la humanidad a dar cuenta de sí misma ante su Creador. No es más que otro intento de silenciar a Dios y evitar así nuestras obligaciones para con él.

Al igual que Immanuel Kant y sus seguidores empujaron a Dios al reino de lo nouménico, es decir, de aquellas cosas que no podían ser conocidas, y por lo tanto lo relegaron al estatus de algo que sólo se podía presuponer, pero no conocer de manera significativa, así los deconstruccionistas, al matar al autor, relegan a Dios al estatus no sólo de lo incognoscible, sino también de lo innecesario, y el caos epistemológico radical que ha seguido no debería sorprender. De hecho, como argumenta Vanhoozer, la cuestión del autor es, en el fondo, la cuestión de Dios, y la negación de la intención del autor es un movimiento profundamente teológico.[13] La muerte de Dios en los sesenta se ha convertido en la muerte del autor en los noventa.

En segundo lugar, la sospecha con la que se ven las palabras en gran parte del posmodernismo es también un anatema para el cristianismo evangélico. Si las palabras y la interpretación de las palabras tienen que ver con la lucha por el poder, con la manipulación de los demás, con el control de otros, entonces algo como la promesa de la gracia de Dios no se convierte en una promesa de gracia, sino en un medio para subvertir sutilmente a los demás y obtener el control sobre ellos. La declaración de Pablo, por ejemplo, de que debemos ser imitadores suyos como él lo es de Cristo, se transforma de una llamada a la humildad, a la abnegación y al servicio de los demás, en una estratagema más bien cínica, como lo haría Uriah Heep, para hacer que los demás se sometan a él.[4]

Sin embargo, el propio texto bíblico considera que las palabras son definitivas para las relaciones interpersonales e invierte mucho en explicar la capacidad de las palabras para comunicar, establecer relaciones y evocar determinadas respuestas deseadas. Por ejemplo, Mateo 6:9-11:

¿Quién de vosotros, si su hijo le pide pan, le dará una piedra? ¿O si le pide un pez, le dará una serpiente? Pues si vosotros, aunque seáis malos, sabéis dar buenas dádivas a vuestros hijos, ¿cuánto más vuestro Padre que está en los cielos dará buenas dádivas a los que le pidan?

---

[13] "La crisis de la teoría de la interpretación contemporánea es en realidad una crisis teológica", Vanhoozer, 25.

[4] Uriah Heep es una banda de rock británica con tintes progresivos, formada en Londres en 1969, la cual es considerada como "uno de los grupos más populares de principios de los 70."

Toda la afirmación depende de que las palabras sean vehículos adecuados para la comunicación, y de que Dios sea quien *dice* ser. Una visión radicalmente deconstructiva del lenguaje pondría en duda ambas cosas y transformaría por completo la comprensión y la función del pasaje. El cristianismo, por tanto, debería sospechar intrínsecamente de tales filosofías lingüísticas y ser muy cauteloso a la hora de coquetear con ellas porque tienen implicaciones teológicas profundas y (desde la perspectiva de la ortodoxia cristiana) devastadoras. No deja de ser significativo que la propia Caída del Hombre se precipitara porque la serpiente hizo aparentemente la primera lectura deconstructiva de un texto. Al formular la pregunta letal "¿Dijo Dios realmente...?", puso en duda tanto la fiabilidad de las palabras de Dios como la motivación (y, por tanto, la integridad) del Dios que las pronunció. Las implicaciones teológicas de Génesis 3:1-5 son particularmente importantes en la actualidad.

En tercer lugar, en lo que respecta a la tendencia cultural de pasar de las palabras a las imágenes, se podría argumentar que, teológicamente, se trata de un deshecho o una inversión de la Reforma y una vuelta a la vida eclesiástica estética y centrada en los sacramentos del tipo que definía gran parte del catolicismo medieval. El giro cultural general hacia la imagen y lo visual no es simplemente un fenómeno que ofrece la misma sustancia cultural en una nueva forma cultural. No, es en cierto modo determinante del contenido. Como demostraron las diferentes reacciones al debate Kennedy-Nixon en 1960, la radio y la televisión, por ejemplo, no ofrecen dos formas diferentes de experimentar el mismo acontecimiento, sino en realidad dos acontecimientos diferentes. En este caso, la radio ofreció un Nixon victorioso, mientras que la televisión un Kennedy victorioso. Pero no necesitamos limitarnos al pasado: escuchen una obra de teatro en la radio y luego vean lo mismo en la televisión o en el teatro; lo que habrán experimentado no son dos ejemplos de la misma obra de arte, sino dos fenómenos artísticos completamente diferentes.

Por lo tanto, la afirmación de Marshall McLuhan sobre los medios de comunicación, "El medio de comunicación es el mensaje", parece dar en el clavo y, cuando recordamos el énfasis bíblico en las palabras como elemento central de la relación entre Dios y las criaturas, tal como se recogió y se volvió a enfatizar en la Reforma, también parece tener una aplicación teológica particular, así como sociológica más general. Dada la importancia que la Biblia atribuye a los discursos hablados en el establecimiento y la definición de las relaciones, y dada la conexión teológica entre la Palabra, el escuchar la Palabra y la obra del Espíritu Santo y la respuesta de la fe; y dada la centralidad del púlpito y de las palabras de Dios para el proyecto de la Reforma, cualquier intento de marginar o reducir la importancia de las palabras en la actualidad debe considerarse como un acto teológico y no como una acomodación directa y neutral del mismo contenido usando medios de comunicación exitosos.

El redescubrimiento del Evangelio -de la Palabra de Dios- por parte de la Reforma estuvo íntimamente relacionado con el redescubrimiento por parte de los reformadores de la centralidad de las Escrituras y de la predicación -de las palabras de Dios- y es sumamente importante que comprendamos la profunda conexión que existe entre ambos.[14]

---

[14] En este contexto, el teólogo holandés J. Douma tiene algunas observaciones interesantes que hacer con referencia a la relación teológica entre lo verbal y lo visual en términos del Segundo Mandamiento: véase J.

¿Un reto y una oportunidad?

Para terminar, quiero plantear una importante objeción a lo que he argumentado anteriormente: al defender una teología basada en Palabra/palabras en una cultura que se ha centrado en lo visual, ¿no existe el peligro de convertir el cristianismo en un movimiento elitista que sólo puede hablar a los bibliófilos, a los intelectuales y a los que se sienten cómodos con una cultura basada en las palabras? Se trata de una cuestión seria que no debe descartarse sin más.

El cristianismo *no* es explícitamente una religión inclinada hacia la élite (intelectual, cultural o de otro tipo) y, de hecho, gran parte del Nuevo Testamento parece indicar que, en todo caso, tendería a ser exactamente lo contrario. Por lo tanto, debemos oponernos con todo nuestro ser a cualquier cosa que convierta a la iglesia en un club para unos pocos intelectuales selectos, y debemos tener cuidado de no permitir que nada contamine nuestra teología o nuestra práctica eclesiástica de tal manera que conduzca a tal elitismo. Sin embargo, se pueden hacer algunas observaciones en defensa de mi posición.

En primer lugar, todo el mundo necesita y utiliza palabras. Uno puede ser analfabeto y, sin embargo, debe hablar y escuchar a los demás para entablar incluso las relaciones más rudimentarias o para operar en la sociedad de manera eficaz. Uno puede carecer del poder del habla o del oído y, sin embargo, debe utilizar las palabras o sus equivalentes funcionales para entablar cualquier tipo de relación social significativa. Puede que vivamos en una cultura en la que la imagen y lo visual es el rey, pero las

---

Douma, *The Ten Commandments: Manual for the Christian Life*, translated Nelson Kloosterman (Phillipsburg: Presbyterian and Reformed, 1996), 35-72.

palabras siguen siendo esenciales para nosotros por nuestra condición de seres sociales, y la enseñanza bíblica implícita sobre el lenguaje, desde el relato de la creación en adelante, indica con bastante claridad la necesidad del lenguaje para las relaciones y la comunicación entre seres humanos.

Independientemente de lo que me digan los gurús evangélicos de moda sobre el hecho de que la Generación X no responde a los mensajes basados en palabras; cuando yo (o cualquier otro miembro de la Generación X) voy al banco a pedir un préstamo, el director no hace mímica ni baila ante mí; me explica con palabras cuál es la naturaleza de nuestra relación bancaria; y, si no lo entiendo inicialmente, su trabajo es iniciarme en las reglas del juego lingüístico que se está jugando.

Ciertamente, si no cumplo con mi préstamo, la afirmación de que pertenezco a una cultura postliteraria no será muy convincente para el poder judicial. Además, incluso dentro de la propia cultura hay indicios de que las palabras gozan de una considerable vigencia incluso a nivel recreativo: la gran popularidad de las tiendas de ventas de libros, las cuales, después de la pornografía (la cual es con seguridad el ejemplo definitivo de un reduccionismo a lo visual), los vendedores de libros son una de las mayores industrias de Internet. Todo esto indica que la palabra escrita ha encontrado un nicho de éxito dentro de una cultura dominada por la televisión.[5]

---

[5] El lector latino debe recordar que Trueman esta escribiendo para un publico ingles, cuya persona promedio lee alrededor de 50 libros al año. El promedio de lectura de un latinoamericano promedio es mucho menor, en el caso del Perú, alrededor de 2 a 5 libros anuales. La referencia de Trueman de que después de la pornografía la lectura de libros es la segunda industria más grande de ventas por el internet refleja muy bien la cultura de los países del norte de Europa, pero no los latinoamericanos. El peligro de un énfasis en lo visual por sobre las palabras es aún mayor en Latinoamérica que en Reino Unido.

Así pues, el hecho de que nuestra cultura esté ahora dominada en muchos ámbitos por lo visual no significa que las palabras sean irrelevantes, o que algo que sea esencial comunicar a través de palabras sea por definición incomprensible. El hecho de que la cultura circundante sea hostil a un movimiento basado en la palabra como el cristianismo evangélico hace que la tarea de comunicación sea mucho más difícil desde una perspectiva humana, pero no la hace imposible.

En segundo lugar, y más importante, el poder del evangelio se basa en última instancia en consideraciones teológicas, no en la teoría sociológica. No son las palabras por sí solas las que mueven a los hombres y mujeres a responder con fe a la promesa de Dios, sino el propio Espíritu Santo, actuando en y a través de esas palabras, el que crea la respuesta positiva. En su trato con los corintios, Pablo deja claro que, si su evangelio tuviera que ser juzgado por su apariencia externa (lo visual) o incluso por su retórica, entonces saldría perdiendo frente a los superapóstoles (1 Cor. 10-11). El éxito del mensaje evangélico no dependía de esas consideraciones superficiales: era más bien la relación de la necedad de la predicación con la necedad de la cruz, de Cristo crucificado, y el poder del Espíritu lo que daba fuerza a las palabras de Pablo (1 Cor. 1:18-25; 2:4-5).

Por lo tanto, en términos de prioridades, deberíamos hacer del conocimiento profundo de Cristo crucificado y de la oración ferviente por el Espíritu de Dios nuestras prioridades a la hora de hacer frente al desafío actual que plantea la cultura contemporánea; después de todo, el contenido del Evangelio siempre ha sido considerado una tontería por la cultura en general, y su éxito nunca ha dependido en última instancia de la asimilación de su método de presentación a las normas de la teoría de la comunicación contemporánea.

Hay, pues, buenas razones teológicas para mantener la centralidad de las palabras en la proclamación de la Palabra de Dios. Esto no excluye la reflexión sobre la forma que podría adoptar esa centralidad en diferentes contextos, como los servicios dominicales, la divulgación evangelística, los estudios bíblicos, etc. El propio Pablo en el Libro de los Hechos utiliza una variedad de enfoques en la predicación del evangelio y en el tratamiento de las objeciones a su mensaje, y tal flexibilidad debe reflejarse en nuestra propia práctica.

El cristianismo centrado en la Palabra no es lo mismo que una adhesión rígida al estilo de culto en forma de sándwich de himnos, predicación, himno final; después de todo, no todos los sermones utilizan las palabras de la mejor manera posible en el contexto actual. Deberíamos reflexionar constantemente sobre el mundo que nos rodea para ver si la cultura contemporánea, además de los muchos y duros desafíos con los que se enfrenta, ofrece alguna oportunidad nueva e interesante para el evangelio.

Por ejemplo, un aspecto de la cultura televisiva al que la Iglesia haría bien en prestar atención -y en sacar provecho- se deriva del impacto omnipresente de cosas como las telenovelas: la forma en que ha creado una sociedad de individuos que piensan en términos de historias. Para el adicto a las telenovelas, la historia es lo que crea la realidad, es por esto por lo que los personajes de novela *Coronation Street* despiertan tantas pasiones, y por lo que cientos de miles de personas creyeron conocer a la princesa Diana.

Conocen las historias relevantes, han sido llevados a estos mundos de fantasía por la televisión, y toda su forma de pensar sobre los temas está moldeada por las diversas líneas argumentales y narrativas que son bombeadas en sus vidas diariamente por la televisión en la esquina. ¡Qué oportunidad para la Iglesia! ¿No es maravilloso que Dios mismo nos haya proporcionado la mayor historia de todas para contar? ¿Cómo se le dice a alguien que nunca ha oído hablar de Dios quién es Dios? Cuéntale la historia, la historia más hermosa jamás contada. Comienza en el Génesis y sigue adelante. Las identidades de Abraham, Moisés, David, Cristo y de Dios mismo están establecidas por la narración bíblica; y ese tipo de marco narrativo se ajusta bien a la forma de pensar de los hombres y mujeres occidentales contemporáneos, niños y niñas, empapados de cultura televisiva. No tenemos que dejar de lado las palabras, ni siquiera con criterios humanos, para comunicar el evangelio; simplemente tenemos que observar la estructura narrativa básica de la propia Biblia, y el ejemplo de la mayoría de los grandes sermones evangelizadores y "alcances evangelísticos" del Libro de los Hechos, para darnos cuenta de que la estructura narrativa de la Biblia se adapta maravillosamente a la comunicación del mensaje bíblico en la sociedad televisiva actual. Podemos adaptar nuestra predicación a este aspecto del mundo moderno sin comprometer el mensaje bíblico; es más, puede que, como resultado, seamos más fieles a este mensaje.

Los cambios culturales siempre han planteado grandes retos a la Iglesia, y sin duda lo seguirán haciendo. La iglesia siempre debe recorrer un camino difícil. Por un lado, evitar el compromiso con el mundo, por otro, ser sensible al mundo que la rodea, y no crear barreras no bíblicas que obstaculicen la obra del evangelio, y estar preparada para utilizar diferentes enfoques y estrategias en diferentes situaciones. Pero debemos tener claro, sobre todo en el momento actual, que las palabras deben seguir estando en el centro. Hace más de veinte años, Carl Henry hizo la siguiente afirmación, que era a la vez una observación y, quizás, una advertencia:

> Multitudes de otras civilizaciones y culturas del pasado han escuchado con atención a mandarines y mulás, swamis y gurús, y no hay razón para pensar que nuestra civilización tecnológica de medios de comunicación de masas se vuelva sorda a la importancia e influencia de las palabras. Si no escucha ningún testimonio de la verdad de la revelación, no es porque el ángel de la tecnología la haya dejado muda, sino porque la indiferencia de la comunidad cristiana permite que las palabras de la vida se desvanezcan de la vista y del oído.[15]

Henry vio la centralidad de las palabras para la sociedad humana, y la centralidad de las palabras para el mensaje del evangelio. Si el mundo deja de escuchar esas palabras, es por tanto más que probable que sea culpa de la iglesia a la que Dios ha encomendado hablar sus palabras de juicio y gracia a una humanidad caída. La Biblia deja muy claro que las palabras tienen una importancia singular en las relaciones y la comunicación, y tienen una importancia teológica única en la salvación cristiana, una importancia que fue recogida y enfatizada durante la Reforma. Como dijo el gran teólogo escocés Peter T. Forsyth al comienzo de uno de los tratados más importantes sobre la predicación que se han escrito:

> Tal vez sea un comienzo exagerado, pero me aventuro a decir que con su predicación el cristianismo se mantiene o cae.... Dondequiera que la Biblia tenga la primacía que se le da en el

---

[15] Carl Henry, *God, Revelation and Authority*, III, 401.

protestantismo, allí la predicación es el rasgo más distintivo del culto.[16]

En pocas palabras, la cuestión de la importancia de las palabras para la iglesia cristiana es una cuestión de teología, no de metodología: dejar de lado la predicación en nuestra vida eclesiástica y en nuestro evangelismo es dejar de lado las palabras; y dejar de lado las palabras implicará inevitablemente dejar de lado la Palabra misma.

---

[16] P. T. Forsyth, *Positive Preaching and the Modern Mind* (Nueva York: Hodderand Stoughton, 1907), 3.

CAPÍTULO 3: LA TEOLOGÍA Y LA IGLESIA ¿DIVORCIO O NUEVO MATRIMONIO?

Introducción

El tema de esta conferencia, la naturaleza de la relación entre la teología y la vida de la iglesia, es de crucial importancia en la actualidad y es muy apropiado para una cátedra establecida en honor de John Wenham, quien, en su época y generación, fue una de las figuras clave en el intento de hacer que la academia estuviera más orientada a la iglesia y la iglesia más informada teológicamente. Esta tarea es perenne, por la sencilla razón de que la ruptura de la relación teología-iglesia, al igual que la ruptura de un matrimonio, nunca es sencilla ni es simplemente una cuestión de técnica. En el fondo, el hecho de que la cuestión afecte directamente a la relación entre Dios y sus criaturas significa que es un problema con una profunda dimensión moral.

Por tanto, debemos hoy aplicarnos a sanar la brecha teología-iglesia con tanto vigor como los que emprendieron la tarea en años anteriores; y también debemos ser conscientes de que la solución no es simplemente una cuestión de aportar las habilidades técnicas adecuadas al problema, sino también de examinar nuestros corazones y nuestras mentes a la luz de lo que Dios nos ha dicho en su Palabra, y ha hecho en la persona de Jesucristo.

Mi conferencia se dividirá en tres partes básicas: en la primera parte, ofreceré un breve análisis de cómo se manifiesta la brecha entre la teología y la iglesia; en la segunda parte, ofreceré cuatro tesis para la academia, no como un programa exhaustivo de reforma, sino como un punto de partida sugerido o un marco básico para perseguir una reforma en la iglesia; finalmente, en la tercera parte, ofreceré cuatro tesis para la iglesia, que tendrán como objetivo hacer algo similar para nuestros cuerpos eclesiásticos.

Motivos del divorcio

Aunque los motivos del divorcio entre la academia y la iglesia son sin duda complejos, hoy me limitaré a esbozar brevemente las tres cuestiones que sospecho son más fundamentales. Se trata de la oposición entre el conocimiento y la experiencia; los diferentes presupuestos de la iglesia y la academia; y las diferentes agendas de ambas.

En cuanto a la oposición entre el conocimiento y la experiencia, esto tal vez se manifieste más comúnmente en comentarios como "Bueno, fulano puede saber sobre Dios, pero ¿conoce realmente a Dios?", y "Los profesores de las universidades y seminarios pueden tener muchas palabras elegantes, pero yo sólo tengo una fe simple y llana en Jesucristo".

Este no es sólo el tipo de pensamiento que encontramos entre los
cristianos en los bancos de la iglesia: Martyn Lloyd-Jones dio una
expresión elocuente precisamente de este tipo de pensamiento en
sus comentarios negativos a teólogos como Charles Hodge, a
quien desestimó por no tener interés en el avivamiento.[1]

Por supuesto, de dividir el conocimiento y la experiencia de
esta manera a ponerlos en oposición fundamental el uno al otro
hay un pequeño paso. Una prueba de ello es la multitud de
himnos y coros doctrinalmente vacíos que forman el núcleo de
gran parte del culto evangélico actual, en el que el mensaje a
menudo parece ser "¡No importa la doctrina, dame la
experiencia!" Esto, a su vez, tiene el potencial para la creación de
lo que es básicamente una forma de gnosticismo, donde las
afirmaciones del cristiano se hacen invulnerables a la crítica
desde el exterior por el hecho de que el que sostiene las creencias
ha tenido una determinada experiencia. El evangelicanismo, con
su énfasis en la necesidad del nuevo nacimiento y en los efectos
de la Caída en la mente, es un terreno fértil para ese gnosticismo
si se pierde el equilibrio de la enseñanza bíblica sobre la relación
entre conocimiento y experiencia.

Sin embargo, por otro lado, la teología académica ha
seguido a menudo un camino que reduce la importancia de la
experiencia al mínimo y hace de todo una cuestión de técnica, ya
sea filosófica, gramatical, exegética o lo que sea. Esto nos lleva
directamente al segundo punto, el papel de las presuposiciones.
La academia, sobre todo en la medida en que la universidad
secular establece su programa, no puede dar cabida a las

---

[1] Véase D. M. Lloyd-Jones, *The Puritans: their Origins and Successors*
(Edimburgo: Banner of Truth, 1987), 7-8.

reivindicaciones de la fe.[2] Así, se ha eliminado la importancia epistemológica de la fe, con el resultado de que la iglesia puede preguntarse con cierta justificación qué es exactamente lo que hace que la erudición bíblica cristiana sea cristiana.

¿Es simplemente que, en igualdad de condiciones tras la aplicación de las técnicas académicas habituales, el cristiano optará por la conclusión que más se ajuste a la ortodoxia? ¿O es que la postura del erudito bíblico cristiano afecta a la forma en que aborda el texto bíblico desde el principio? Si el problema de la iglesia es el exagerar la importancia de la experiencia cristiana, la academia tiene posiblemente un problema en la forma en que tiende a operar en un campo de juego nivelado, donde la conexión entre los compromisos cristianos y la actitud hacia el texto bíblico no siempre son evidentes para aquellos que están fuera de la comunidad académica.

Por último, las agendas de la iglesia y la academia son a menudo polos opuestos. La iglesia ve la conversión a Cristo de los que están fuera como su principal razón de ser. Esto, a su vez, conduce a una cierta impaciencia con las complejidades de la formulación doctrinal, que puede percibirse como una obstrucción u oscurecimiento de la simplicidad básica del mensaje del evangelio y la tarea. La academia, por su parte, tiene

---

[2] Soy consciente, por supuesto, de las grandes aseveraciones que hace el posmodernismo como causando la apertura de la universidad a otras perspectivas de la fe. En mi opinión, la pretensión del cristianismo de ofrecer una gran narrativa de significado universal que, para mantener su propia integridad intelectual, necesita negar la validez de las alternativas, no le hará ganar amigos ni siquiera en la academia posmoderna. De hecho, casi una década de docencia en universidades seculares británicas me ha convencido de que el principal problema de la educación universitaria no es la epistemología posmoderna, sino la alianza de las políticas de libre mercado, los intereses de las grandes empresas en la educación, y un pragmatismo generalizado. Esta es una combinación que sirve más que nada para restringir los tipos de investigación y debate que tienen lugar.

sus propias agendas en un mundo que no deja de hacerse más complejo a medida que, bajo el peso espiral de la información, las disciplinas se fragmentan cada vez más y se conectan cada vez menos entre sí. La antigua idea medieval y de la Reforma de que la teología cuando se hacía al más alto nivel académico debía terminar en una disciplina académica unificada centrada en las necesidades de la iglesia es sencillamente insostenible en el clima actual. La diversidad altamente técnica de la academia es simplemente inadecuada para dar a los estudiantes una visión teológica y eclesiástica unificada.

Este es, pues, el más breve de los resúmenes de los motivos básicos del actual divorcio. Quiero pasar ahora a propuestas más positivas para superar esta situación.

Cuatro tesis para la Academia

1. La academia debe reformar su visión de Dios

Lo primero que debe hacer la academia cristiana es reformar su visión de Dios. Sólo cuando los académicos se den cuenta de que el Dios con el que tratan es el asombroso creador, santo y justo, pero también infinitamente tierno y misericordioso, empezarán a acercarse a su vocación teológica con el necesario temor y temblor que requiere. Dios no es el objeto de estudio teológico, de la manera en que una rata de laboratorio es el objeto de estudio biológico, es decir, algo que hay que controlar, diseccionar, observar y analizar de manera desinteresada.

Por el contrario, Dios es el sujeto de estudio teológico, aquel cuya revelación de sí mismo y cuyo acto de gracia de salvación en Cristo hacen posible la teología. En él todos vivimos, nos movemos y tenemos nuestro ser. Por tanto, todo estudio teológico debe realizarse en reconocimiento consciente de Dios y en dependencia de él. Los teólogos están personalmente implicados y dependen de aquel a quien estudian. Esto debe dar forma a nuestro trabajo en todos los niveles.

2. La academia debe reconocer la autoridad suprema de las Escrituras

El reconocimiento de la autoridad de las Escrituras es, sin duda, básico para cualquier obra teológica que se afirme ser cristiana y que se ofrezca como útil de algún modo a la Iglesia cristiana. Decir esto no es eludir los complejos problemas que rodean a las cuestiones del canon, la interpretación y la hermenéutica, sino decir que la Biblia, como Palabra de Dios, es única en su relación con Dios y en su función en la iglesia, y que esto debe conformar el estatus metodológico y material que le dan los académicos cristianos.

Tratar a la Biblia como cualquier otra obra literaria es un movimiento profundamente teológico, porque hacerlo implica una negación implícita de las propias pretensiones de la Biblia de tener un significado teológico. Esto no quiere decir que no haya mucho que aprender de los estudios textuales, culturales y lingüísticos, sino que la aplicación de estos diversos enfoques al texto bíblico debe tener en cuenta el hecho de que la singularidad de la Biblia requiere que tales aplicaciones no se utilicen para relativizar el mensaje de la Biblia.

Hay algo presuposicional en todo esto. Como cristianos, la presuposición de que el único Dios habla a través de la única Biblia se toma como algo fundamental, y esto proporciona un marco hermenéutico básico para la interpretación bíblica. Así, por ejemplo, la diversidad teológica de la Biblia no puede

EL SALARIO DE LA PIRUETAS

enfatizarse hasta el punto de socavar su unidad teológica básica, basada en su origen divino y su tema central. El cristiano presupone una unidad teológica básica que proporciona el marco para interpretar cada versículo en el contexto del conjunto. Sin la presuposición básica de la unidad teológica de la Biblia enraizada en la relación entre Dios y la Escritura, uno no tiene más base para la coherencia teológica que las preferencias particulares del lector.

El colapso de la autoridad bíblica es bastante evidente en el mundo académico que nos rodea, donde la teología sistemática, tal y como se entendía clásicamente como un estudio de las doctrinas de Dios, la creación, la redención, etc., prácticamente ha desaparecido, para ser sustituida en el plan de estudios universitario por cursos como "Teología y hermenéutica", "Teología y género" y "Teología y política". Cada uno de estos cursos es, sin duda, valioso a su manera, pero el verdadero significado teológico de cualquiera de estas preocupaciones individuales sólo puede surgir cuando se sitúan en el contexto de la teología sistemática clásica en su conjunto, cuyo panorama general establece la agenda y pone estas cuestiones específicas bajo la mirada escrutadora de una narrativa teológica más amplia.

Al fin y al cabo, ¿se pueden entender las cuestiones del género masculino-femenino sin abordar primero a Dios, la creación, la caída y la obra de Cristo? O tomemos el ejemplo de la hermenéutica: ¿se puede entender realmente el lenguaje y las Escrituras sin abordar primero las cuestiones del Dios que habla, la revelación, el pecado, Cristo y la obra del Espíritu Santo? Esto podría ser un círculo vicioso, por supuesto.

No podemos interpretar la Biblia sin comprender quién es Dios; y no podemos saber quién es Dios hasta que hayamos interpretado la Biblia. Pero me atrevo a sugerir que la comprensión del mensaje fundamental de la Biblia quizá no sea tan complicado como muchos estudiosos pretenden hacerla. Más adelante hablaré del abuso de la doctrina de la perspicuidad de las Escrituras en la Iglesia, pero me gustaría señalar aquí que, aunque hay muchas cosas difíciles de entender (y tenemos las propias palabras de Pedro como autoridad para ello), el mensaje central del Evangelio del Dios que habla es bastante sencillo. Los eruditos pueden tender a complicar demasiado las cosas -en parte porque ellos, más que nadie, saben que hay que matizar muchas cosas-, pero esto no debe permitirnos perder la simplicidad básica del evangelio. Al fin y al cabo, Cristo señala que si incluso los padres terrenales malvados, cuando sus hijos les piden pan, no les dan ni una piedra, entonces cuánto más dará Dios el Espíritu Santo a los que se lo pidan. Seguramente está señalando aquí no sólo la gran bondad de Dios, sino también la perspicuidad básica del lenguaje que existe en ciertos contextos relacionales, como el de padre e hijo, incluso cuando creemos en la existencia de la depravación moral del Hombre. A partir de ahí, Cristo señala claramente la estrecha relación entre esa perspicuidad del lenguaje y el sentido de Dios.

Cuando los estudiosos empiecen a asumir de nuevo estas cosas, reconociendo la autoridad de la Escritura y aceptando la claridad básica de su mensaje central, estarán, por supuesto, haciendo en el ámbito de la epistemología precisamente lo que he dicho que deben hacer en el ámbito de la ontología: reconocer a Dios como soberano y a la humanidad como dependiente de él. Dios es, en cierto sentido, la palabra que habla, y no podemos tomar en serio ninguna de las dos partes de esta ecuación sin hacer lo mismo con la otra mitad.

3. La academia debe reconocer el efecto del pecado en los académicos

Si tomar en serio a Dios implica inevitablemente tomar en serio las escrituras y viceversa, también implicará que los académicos vuelvan a examinar la naturaleza humana, la naturaleza humana de la que ellos mismos participan, con el fin de ver cómo afecta a su trabajo. Una tendencia en la academia que quizás hace más daño de lo que generalmente nos importa reconocer es el efecto del pecado en los propios académicos.

Este problema ha sido muy bien expresado por Mark Thompson:

> Con demasiada frecuencia, en la teología moderna se atribuye la falibilidad del texto bíblico como una cuestión de certeza empírica, mientras que, al mismo tiempo, las construcciones teológicas del escritor se presentan sin la más mínima vacilación o reconocimiento de provisionalidad. Da la impresión de que sólo en la generación actual los practicantes de la teología han podido escapar al impacto de la caída en la mente humana.[3]

Si gran parte de la filosofía moderna, desde Marx, Nietzsche y Freud en adelante, ha puesto de manifiesto el modo en que las agendas ocultas sirven para manipular la forma en que pensamos y actuamos, sin duda, como cristianos, comprometidos con una comprensión bíblica de la humanidad, incluso de la humanidad redimida, como defectuosa y pecadora, también deberíamos

---

[3] Mark Thompson, "The missionary apostle and modern systematic affirmation", en *The Gospel to the Nations: Perspectives on Paul's Mission*, editado por Peter Bolt y Mark Thompson (Leicester: Apollos, 2000), 378.

tomarnos muy en serio la necesidad de hacer una autocrítica en nuestro enfoque de la vida.

Esto incluye el trabajo académico, en el que deberíamos someternos a una autocrítica constante y ser muy conscientes del hecho de que no son sólo, ni siquiera principalmente, los autores de los textos que tenemos que estudiamos los que están en el juego de la manipulación y el engaño, sino nosotros mismos.

4. La academia necesita volver a las trayectorias tradicionales de la teología

Uno de los motivos del divorcio que mencioné anteriormente fue la diferencia de agendas entre la iglesia y la academia. En este punto sería fácil decir que la respuesta es simplemente que la academia necesita adoptar la agenda de la iglesia, pero yo sugeriría que eso no sería necesariamente algo bueno, ya que implica la suposición de que la agenda de la iglesia no necesita corrección.

Uno de los problemas obvios de esto es que la propia iglesia a menudo parece tener grandes dificultades para definir su agenda actual, por razones que tocaré más adelante. Me gustaría sugerir en este punto que una manera de volver a unir las agendas de la iglesia y la academia es volver al tipo de trayectorias o agendas teológicas a través de las cuales se desarrolló la teología en el púlpito y la academia en la era premoderna. Estas trayectorias se encuentran reflejadas en los grandes credos y confesiones de la fe.

El Credo de los Apóstoles, el Credo Niceno, el Credo Atanasiano, la Confesión Belga, los Treinta y Nueve Artículos, la Confesión de Fe de Westminster, el Libro de la Concordia luterano: todos estos documentos representan la fusión de la reflexión pastoral y teológica sobre la fe. Además, las cuestiones que abordan, la identidad de Cristo, la naturaleza de la salvación, la definición de la Iglesia, etc., son todas cuestiones vitales y perennes; y los credos y confesiones persiguen estas cuestiones de una manera que es a la vez eclesiástica e intelectualmente rigurosa.

Irónicamente, el evangelicanismo, a pesar de su orgullo por la ortodoxia, rara vez ha dedicado mucho tiempo a reflexionar sobre la herencia de los credos y confesiones de la Iglesia, y sus representantes académicos no han sido una excepción a esta regla general, prefiriendo la inclinación moderna por cualquier novedad a la idea de que la Iglesia pueda haber estado básicamente en lo correcto en ciertas cosas durante los últimos dos milenios. Un poco de humildad teológica nos vendría bien en este caso.

Si estas son cuatro tesis para la academia, ¿qué pasa con la iglesia? ¿Qué debería hacer para ayudar a superar la ruptura con la academia?

Cuatro tesis para la Iglesia

1. La Iglesia debe repensar su énfasis en la experiencia

Esta es una cuestión delicada, por la sencilla razón de que el cristianismo evangélico, al menos en su mejor forma, está comprometido con la idea de la centralidad tanto de la doctrina (algo que puede expresarse utilizando un vocabulario público) como de la experiencia de la gracia de Dios en la vida del individuo. Ambas cosas son formalmente separables y esto, por supuesto, significa que los distintivos visibles del evangelicalismo pueden ser aprendidos por aquellos que carecen de lo segundo, mientras que lo segundo (las experiencias), pueden ser reclamadas sin una verdadera comprensión de lo primero (la doctrina).

Esto ha llevado, en algunos sectores, a temer no sólo que la verdad pueda ser predicada por boca de aquellos que son realmente incrédulos, sino también que pueda haber una oposición fundamental entre los dos, la cabeza y el corazón, y que, por lo tanto, deba darse prioridad a este último, el corazón. Ahora, quiero ser cuidadoso aquí, en el sentido de que no quiero que se me malinterprete como si dijera que la conversión no es un prerrequisito para el ministerio. Ciertamente lo es; pero sí quiero decir que el contenido y la eficacia del evangelio no dependen únicamente en absoluto de las cualidades morales o del estatus salvífico del individuo que lleva el mensaje.

La iglesia primitiva debatió precisamente esta cuestión en relación con la eficacia del ministerio de aquellos que se habían alejado en tiempos de persecución y que luego volvieron a sus antiguos trabajos cuando la persecución se calmó. Se decidió entonces -y con mucha razón- que la Palabra de Dios era la Palabra de Dios, y no dependía de la persona que la llevara a la iglesia. Adoptar cualquier otra posición es un desastre seguro, ya que ninguno de nosotros puede saber con certeza cuál es el estado del corazón de otra persona. Sólo porque el evangelio se refiere a la promesa de Dios revelada en Cristo podemos tener confianza en la eficacia del mensaje predicado.

Para decirlo más claramente: es mejor que predique el evangelio verdadero de forma competente alguien que resulta ser un adúltero impenitente a escondidas, a que lo predique alguien que ha nacido de nuevo, pero de forma incompetente, precisamente porque es la Palabra de Dios la que es eficaz, no el corazón del predicador.

Tal vez esta sea una expresión algo cruda, pero pone de manifiesto que el Evangelio es un mensaje con contenido y no un simple caso de una persona que comunica sus experiencias a un grupo de personas. Al fin y al cabo, ésa es la esencia misma del liberalismo teológico clásico: el cristianismo es un sentimiento, no la doctrina, y la teología es una simple reflexión sobre la psicología religiosa del ser humano, y no sobre la revelación de Dios.

Esto tiene grandes ramificaciones en varios aspectos de la vida de la iglesia, sobre todo en el ámbito de la actitud hacia el aprendizaje teológico. ¿Cuántas veces has escuchado el siguiente comentario: "La viejita señora Jones ha caminado con el Señor durante cincuenta años y sabe más de Dios que cualquier profesor de teología con un doctorado."? Sin embargo, cuando comprendemos que el Evangelio es, ante todo, un mensaje, que es una proclamación de lo que Dios ha hecho en Jesucristo, y que la experiencia de la persona viene como una respuesta a ese mensaje, está bastante claro que un profesor con un doctorado puede tener ciertas ideas sobre ese mensaje del Evangelio que la Sra. Jones, con toda su piedad práctica, no tiene.

Gran parte del antiintelectualismo de occidente que brota de los púlpitos de nuestras las iglesias, desde las reformadas hasta las carismáticas, es el resultado precisamente de esta confusión entre el evangelio primariamente como un mensaje y la respuesta del creyente en la experiencia. Esta es una confusión que tiene la suficiente apariencia de verdad para ser superficialmente plausible, pero que se apoya en una comprensión fundamentalmente sesgada de lo que es realmente el evangelio.

Sólo cuando la iglesia llegue a reconocer, tanto en la creencia como en la práctica, que el Evangelio es un mensaje, y no un sentimiento o una experiencia, se acabará por fin con ese pensamiento confuso (y con muchas otras cosas). De hecho, esto me lleva a mi segunda tesis para la iglesia:

2. *La Iglesia necesita revisar sus prácticas del culto de adoración a la luz de la tesis anterior*

A partir de la constatación de que el Evangelio es un anuncio, no una experiencia, la Iglesia debe revisar su respuesta a ese anuncio. Considero que esto es sumamente importante en varias áreas. Lo más obvio es que debemos reafirmar la centralidad del sermón como parte del culto, en relación positiva con los cantos y las oraciones. Si el evangelio es un anuncio de noticias, ¿adivinen qué? Tiene que ser anunciado y declarado firmemente a la congregación reunida, y ese anuncio mismo tiene que ser entendido como parte del culto de la iglesia. Sólo cuando el evangelio es declarado, los creyentes pueden responder a este de la manera apropiada.

Sin esta dimensión objetiva, la declaración clara del evangelio, el canto de las canciones se convierte en poco más que un ejercicio de emoción mecánica y algo sin contenido. Al fin y al cabo, el culto no son sólo los cantos que se entonan; es la Palabra que se escucha, a la cual los cantos congregacionales deben ser una respuesta adecuada. Esto tiene numerosas implicaciones.

Por ejemplo, si en su iglesia no se puede saber cuál es la relación exacta entre lo que se dice en la predicación un domingo y lo que se canta un domingo, entonces tiene graves problemas, y en dicho contexto los típicos debates del culto sobre los estilos y marcos contemporáneos versus a los cultos tradicionales ni siquiera se empezarán a abordar. Además, si su predicador pasa más tiempo hablando de sí mismo y su vida, o de las últimas tendencias culturales, o haciendo más aplicaciones que en la exposición directa del texto, entonces estos son signos de que la confusión del evangelio y la experiencia bien podría estar infiltrándose en su culto y, por lo tanto, en toda su visión del cristianismo. Nada de esto debe interpretarse como un ataque a la experiencia cristiana. Se trata simplemente de señalar que dicha experiencia es el resultado del evangelio, no el contenido del mismo. Afirmar lo contrario es abrir la puerta al relativismo. Una vez que el evangelio empieza a ser presentado principalmente como aquello que trae tales y tales beneficios, ya sea la liberación del abuso del alcohol o simplemente los subidones emocionales de vez en cuando, la particularidad distintiva del cristianismo se pierde por completo.

El Islam también da a la gente autoestima, limpia los barrios y da un sentido de propósito; los programas de autoayuda psicológica han sacado a muchos del borde de la autodestrucción para llevar una vida moral y decente; y, aunque el cristianismo me da un sentido y valor de mi trabajo, creo que también lo hace la cría de hurones para algunas personas. Entonces, si lo que ofrezco primariamente es una experiencia, ¿qué tengo que decir al criador de hurones que esta perfectamente satisfecho? Pues, no mucho. Si el cristianismo tiene que ver principalmente con los sentimientos, ya sean de satisfacción, de felicidad o de otro tipo no hay mucho que decir. Yo tengo a Jesús; ellos crían hurones. Resultado en ambos casos: felicidad.

Entonces, ¿cuál es la diferencia? La diferencia, por supuesto, no radica en el *efecto experimentado*, sino en el resultado cósmico: Cristo es Dios actuando para salvar por toda la eternidad; los hurones son buenos sólo como distracciones temporales de las realidades y preocupaciones más profundas de la vida. Para reforzar este mensaje, debemos reflexionar cuidadosamente sobre nuestros servicios religiosos. La tradición presbiteriana a la que pertenezco se remonta a los grandes documentos elaborados en la década de 1640 como un buen resumen de los elementos esenciales que debe contener un servicio de culto cristiano: la lectura y la escucha de las Escrituras; la predicación de la Palabra de Dios; la oración (confesión, adoración, intercesión); el canto congregacional (en el caso particular de la Asamblea de Westminster, únicamente de materiales inspirados, pero ese debate es para otro día); y la administración de la Cena del Señor y el bautismo. No es un mal resumen, pues centra la atención en el servicio de la iglesia como sostenido por el contenido de la Palabra de Dios, leída, escuchada y predicada, a la que la oración y el canto congregacional son una respuesta.

Todo lo demás que se agregue a esto es seguramente schleiermacheriano: un intento de hacer de la psicología y la experiencia humanas la base del culto congregacional.[6] En última instancia, esto impedirá a la iglesia hablar a través de una cultura a otra. Cuando los debates sobre el culto se centran en la experiencia de la persona y el estilo musical, es probable que deifiquemos nuestra forma particular de hacer las cosas y la convirtamos en un absoluto por el cual todos los demás deben ser juzgados.

Esto es sencillamente erróneo, y convierte lo indiferente en el culto (es decir, el estilo y la forma) en algo de la esencia del culto congregacional. Centrémonos en el *mensaje* simple y directo de la reconciliación en Cristo (y no en nuestras propias

---

6 Referencia a Friedrich Schleiermacher (1768-1834).

experiencias de la iglesia o lo que sea) como el núcleo de nuestro culto eclesiástico, y permitamos que se exprese dentro de la cultura en la que nos encontramos. Así pues, cuando la iglesia se reúna para celebrar el culto, pensemos en los pasajes de las Escrituras que se van a leer y escuchar, en lo que se va a decir en el sermón y en lo que se va a cantar; y asegurémonos de que el contenido de cada uno de estos elementos guarde una relación obvia con el contenido de los demás.

Ahora bien, aunque nada de esto aborda directamente la reparación de la relación entre la Iglesia y sus amigos de la academia, sin duda contribuye a que la Iglesia vuelva a comprender correctamente el lugar de la experiencia en el cristianismo, y eso en sí mismo evitará precisamente el tipo de cruzadas anti-intelectuales que se basan en la idea de que el conocimiento teológico profundo sólo puede impedir el progreso espiritual de la iglesia. También creo que comprender esto tranquilizará a los miembros de la Iglesia que han consagrado su vida al estudio de la teología al más alto nivel, ya que lo que hacen con tanto esfuerzo no es necesariamente superado por la ancianita que ha caminado con el Señor durante cincuenta años. Ambos tipos de personas, la ancianita y el académico, aportan contribuciones significativas a la vida de la iglesia; no se trata de uno u otro, sino de ambos.

Sólo como un punto final en esta sección: esto también debe dirigir la iglesia lejos de una obsesión con el avivamiento y la conversión como la agenda principal detrás de nuestros servicios de adoración congregacional de la iglesia. Ahora, no me malinterpreten aquí. No estoy diciendo en absoluto que no queramos conversiones; rotundamente sí. Lo que estoy diciendo, sin embargo, es que el servicio dominical de la iglesia es *principalmente* para equipar a los santos para el trabajo de ser un cristiano de lunes a sábado. La iglesia debería ser como una madre, nutriéndonos en nuestra fe, dándonos descanso del mundo y una pequeña anticipación de cómo será la comunión en el cielo. En un nivel práctico, dado que pocos incrédulos se molestan en ir a la iglesia hoy en día, una estrategia de evangelización basada principalmente en los servicios dominicales no es, humanamente hablando, muy fuerte. A pesar de todos sus defectos en cuanto al contenido, creo que, por ejemplo, el *Alpha Course* ha detectado este problema y ha hecho contribuciones significativas en cuanto al camino a seguir para el alcance contemporáneo.[7] Los servicios dominicales deberían principalmente estar más enfocados en equipar a los santos para la labor que deben cumplir.

Por supuesto, si un invitado asiste a nuestro servicio dominical, debe ser bienvenido, y debe ser capaz de entender lo que está sucediendo y lo que se dice. Y se podría añadir, debe ser capaz de ver una conexión obvia entre lo que se lee en las Escrituras, lo que se dice en el Sermón, lo que se ora de manera pública, y lo que se canta de manera congregacional. Pero acomodar nuestros servicios adoración para que sean del agrado del invitado no debe ser la prioridad decisiva en el servicio. De hecho, lo que va a ser inquietante para el invitado será experimentar la manera como la presencia de un Dios santo se manifiesta entre su pueblo cuando este lo adora. Si no me cree, lea y reflexione sobre las implicaciones de 1 Corintios 14:24-25.

---

7 El curso Alpha es un curso de evangelización, o pre-evangelización, popular en Inglaterra que busca introducir los conceptos básicos de la fe cristiana a través de una serie de charlas y discusiones. Presupone no previo conocimiento del cristianismo, y se dirige a un publico netamente secular. Otros cursos siguieron la misma temática del curso Alpha, entre los mas populares están "Explorando el Cristianismo".

3. La Iglesia debe reconocer el papel de la tradición

Creo todos nos hemos cruzado con gente así, hombres y mujeres "sin ningún credo, pero solo con la Biblia". Sin embargo, lo que en realidad suelen querer decir con esto es que, aunque tienen un credo (aunque su credo sea "no tengo credo"), no se molestan en escribirlo, y quieren privilegiar su visión o interpretación particular de la Biblia (la que consideran es la correcta) sobre la tuya (la cual es incorrecta). Este es un tema difícil, pero quiero provocarte a que pienses un poco en esto con los siguientes comentarios.

En primer lugar, hay un sentido en el que todos los evangélicos no tienen más credo que la Biblia, en el sentido de que sólo reconocemos una única fuente epistemológica última y un criterio máximo para juzgar las afirmaciones sobre Dios: la Biblia. Teniendo en esto cuenta, la afirmación "ningún credo, solo la Biblia", no es tanto incorrecta, sino engañosa. Sería mejor decir "No hay una fuente de autoridad teológica definitiva más que la Biblia". En este sentido, me alegro de poder afirmar plenamente que soy un hombre "sin ningún credo más que la Biblia".

En segundo lugar, hay un sentido en el que todos dependemos de credos extra-escriturales para nuestra teología. Por ejemplo, en el momento cuando usamos la palabra "Trinidad", estamos utilizando un vocabulario conceptual que no se encuentra en la Biblia, sino que ha sido desarrollado y definido por la Iglesia a lo largo del tiempo. Ahora bien, tan pronto como afirmo esto, quisiera decir inmediatamente que el lenguaje de la palabra "Trinidad" representa lo que enseñan las Escrituras. Pero entonces, en el momento en que afirmo mi creencia en la Trinidad, no estoy haciendo más que lo que la iglesia ha considerado tradicionalmente que hacen los credos: simplemente ofrecer un resumen de, o un vocabulario conceptual para entender lo que enseña la Biblia.

¿Por qué entonces el miedo de la iglesia moderna a los credos? Por supuesto, esto forma parte de la disposición cultural más amplia de la sociedad occidental moderna y es, curiosamente, uno de los puntos clave de contacto o unión entre el mundo académico y el mundo evangélico. Mientras que los académicos en la actualidad, tanto liberales como conservadores, han desarrollado un biblicismo altamente sofisticado que rutinariamente descarta casi por completo los pensamientos y percepciones de la iglesia a lo largo de los siglos sobre el significado del texto bíblico, el evangelicanismo ha desarrollado un biblicismo crudo y poco sofisticado que rutinariamente rechaza (o, más a menudo, simplemente ignora o desconoce su relevancia) la historia de la iglesia y de la teología.

Entonces, ¿cuáles son las ventajas que nos dan los credos? Bueno, en primer lugar, nos recuerdan que la Biblia no es su propia interpretación. No es simplemente lo que la Biblia *dice* de manera aquello que es crucial, sino más aún lo que *significa*, y la única manera eficaz de dar expresión pública a ese significado es mediante el uso de vocabulario y conceptos extrabíblicos. Después de todo, no ha habido un hereje en toda la historia de la Iglesia que no haya afirmado que simplemente cree en lo que dice la Biblia, o que no haya justificado sus creencias citando textos bíblicos por montones para afirmar su posición.

Cuando está en juego el significado de las palabras de la Biblia, no basta simplemente con citar versículos bíblicos; también es sumamente necesario el contexto teológico general de esos versículos, así como el uso que se hace en esos versos de vocabulario extrabíblico. Por supuesto, creo firmemente en la suficiencia y perspicuidad de las Escrituras, por lo que no estoy diciendo aquí que la Biblia, por sí sola, *carezca de sentido en absoluto*; sino, más bien, estoy diciendo que debe ser *interpretada*, pero interpretada *en sus propios términos*. Este acto de interpretación implica necesariamente el uso de un lenguaje que no se encuentra en la Biblia y de conceptos que no caen simplemente de sus páginas a nuestro regazo, sino que tienen que ser cuidadosamente formulados a la luz de toda la enseñanza de la Escritura. En el momento en que utilizamos un lenguaje extrabíblico, en el instante cuanto extraemos el significado de un pasaje, tan pronto como exploramos las condiciones que deben cumplirse para que un determinado acontecimiento tenga un significado salvífico redentor, en cuanto hacemos cualquiera de estas cosas, nos adentramos en un territorio que es, en cierto sentido, "extrabíblico". Aquí es donde entran en juego los credos: son simplemente resúmenes de la enseñanza bíblica, utilizando un lenguaje y unos conceptos que han sido aprobados públicamente por la Iglesia como ortodoxos y fieles a la enseñanza bíblica a lo largo de los siglos, proporcionando así un esquema y un vocabulario ortodoxos para la vida teológica.

Y aquí es donde cobra importancia mi segundo punto sobre los credos: *Los credos nos sitúan a nosotros y a nuestro tiempo en perspectiva*. La Palabra de Dios contiene preciosas promesas sobre cómo Dios guiará a su iglesia hacia toda la verdad. Ahora bien, sabemos por la historia de la iglesia y por la diversidad de creencias teológicas dentro del cuerpo cristiano en la actualidad que cualquier idea de una relación automática y casi mecánica entre Dios, la verdad de Dios, y los pronunciamientos teológicos públicos de la iglesia como institución es simplemente insostenible. Todas las declaraciones de este tipo que provengan de cualquier iglesia deben ser examinadas por las Escrituras para ver si son bíblicamente coherentes.

Sin embargo, hay un sentido en el que el péndulo ha oscilado demasiado hacia la dirección de una hermenéutica automática de sospecha respecto a los credos teológicos históricos y la tradición de la iglesia. Hoy en día, es más probable que se asuma que la Iglesia por lo general se ha equivocado a lo largo de los siglos, que ha acertado en algo. Hace poco conversando con mis colegas académicos con respecto a los puntos de vista sobre la justificación y la cristología expuestos por un destacado y popular erudito británico del Nuevo Testamento, les dije que me preguntaba si esta persona, que se identifica como bíblicamente ortodoxa, pensaba que la Iglesia había conseguido hacer algo bien, o había acertado en algo con respecto a la interpretación de Biblia en los últimos 1900 años.

La actitud de los reformadores fue muy diferente: rechazaron las tradiciones que estaban explícitamente arraigadas en la comprensión de que la Iglesia tenía nuevos poderes reveladores tras el cierre del canon, pero se tomaron muy en serio la tradición exegética, teológica y, sobre todo, los credos de la Iglesia, y sólo modificaron la interpretación de la iglesia, o, como último recurso, la rechazaron en aquellos puntos en los que las Escrituras la hacían realmente insostenible.

Creo que la diferencia aquí es de actitud y de cultura: ellos operaban con una hermenéutica básica de *confianza*, aunque bíblicamente crítica. Hoy en día, con demasiada frecuencia, operamos con una hermenéutica básica de *sospecha*, y quizá en su mayor parte acrítica. Sin embargo, si nos tomamos la iglesia en serio y si nos tomamos en serio las promesas de Dios hechas a la iglesia, esa iconoclasia visceral sólo puede ser algo malo.

Podría ir más allá y decir que la iglesia necesita algo más que una hermenéutica básica de confianza hacia las trayectorias de los credos y las confesionales del pasado. También es necesario una hermenéutica de *humildad*. Al igual que la inmadura arrogancia de los eruditos que creen que porque tienen su doctorado sobre unos pocos versos aquí o allá en la Biblia los califica para redefinir la ortodoxia *como un todo*, la iglesia de hoy también necesita aprender la humildad en relación con el pasado. Cuando alguna fórmula de credo o posición doctrinal ha sido sostenida por la iglesia con tanto vigor durante un tiempo tan considerable, entonces la iglesia de hoy debe pensar muy cuidadosamente antes de decidir cambiarla de manera fundamental.

Nuestra perspectiva actual es tan limitada y nuestra vida en el tiempo es tan insignificante en el gran esquema de las cosas; que, por lo tanto, hacemos bien en ver los credos, las confesiones y las tradiciones de la iglesia como algo que nos da alguna perspectiva por la que podemos relativizar o medirnos a nosotros mismos, así como nuestra contribución y nuestro momento en la historia. He perdido la cuenta del número de veces que he oído a los líderes de la iglesia declarar que "la Iglesia necesita ir más allá de..." (añada aquí su propio principio central de la fe cristiana: la cruz, la ira de Dios, el pecado, la Trinidad, la justificación por sola fe, la autoridad de las Escrituras; los he oído citar todos).

Detrás de tales sentimientos no hay tanto una ingenuidad sin esperanza, sino más una trágica arrogancia, una arrogancia que implícitamente dice que la iglesia durante todo en el pasado realmente no entendió el evangelio y que sólo en la actualidad nosotros nos hemos aproximado a algún tipo de madurez doctrinal. Me gustaría sugerir que la reflexión sobre los credos y las confesiones de la Iglesia podría contribuir a superar la *arrogancia cronológica* (para usar la frase de C. S. Lewis) que aflige a la Iglesia el día de hoy, de la misma manera como también debería hacerlo la academia.

Como epílogo a esta sección -tanto para la iglesia como para la academia- menciono un reto que me gusta lanzar en clase a los estudiantes que están tentados de menospreciar el Credo de Nicea: dado que este credo ha servido bien a la iglesia durante mucho más de mil años, uno debería ser extremadamente cuidadoso antes de abandonarlo. Sin embargo, si después de reflexionar mucho, uno puede llegar a una fórmula teológica que trate el material bíblico como un todo con la misma eficacia, y que goce de tan amplia aceptación en la iglesia en todo lugar, y que haga el trabajo igual de bien durante los próximos mil años, entonces, uno no debería tener miedo de proponer una nueva formulación teológico. Es extraño decir que todavía no he tenido a ningún estudiante interesado en escribir dicha fórmula.

4. *La Iglesia tiene que darse cuenta de que no todas las respuestas a las preguntas sobre la Biblia son tan sencillas*

Si el rechazo al testimonio de la historia y la tradición es algo que *tienen en común* la academia y la iglesia, entonces en *lo que más difieren* es en relación con la complejidad de la Biblia. Como se ha señalado anteriormente, la tendencia en los círculos académicos es subrayar la complejidad insuperable de todas las cuestiones bíblicas, una tendencia alimentada por la fragmentación de la disciplina académica en su conjunto y por los tipos de enfoques literario-críticos que se deleitan peculiarmente en el escepticismo sobre la estabilidad del significado textual.

En la iglesia, sin embargo, la idea de que existan cuestiones complicadas en la Biblia no suele admitirse en absoluto. Aunque el propio Pedro nos dice que Pablo escribió muchas cosas difíciles de entender, la idea de que interpretar la Biblia de forma competente requiere habilidad y formación académica es ajena a gran parte del mundo evangélico. Recuerdo muy bien haber dado una conferencia en un seminario teológico británico sobre cómo los puritanos del siglo XVII establecieron estándares muy altos para la educación ministerial. Al final de la conferencia, fui desafiado por una persona que consideró que lo que yo decía iba en contra de lo que él consideraba la idea básica de las cartas pastorales de Pablo, de la naturaleza de la fe salvadora y de la perspicuidad bíblica.

Por supuesto, para citar su apreciación bíblica, leyó el verso bíblico correspondiente usando una traducción de la Biblia, afirmando de esta manera implícitamente que ninguna de estas cosas – la naturaleza de la fe salvadora, y la perspicuidad de la Biblia- anulaba la necesidad de que alguien, en algún lugar, tuviera un buen conocimiento del vocabulario, la gramática, la sintaxis y el contexto histórico del griego koiné usado en la escritura original del Nuevo Testamento.

La certeza de la fe y la perspicuidad de las Escrituras nunca pretendieron significar que todas las respuestas a todo fueran sencillas, al igual que la idea de la suficiencia de las Escrituras nunca pretendía significar que la Biblia diera respuestas a todas las preguntas sobre la vida, como a qué hora llega el próximo autobús. Más bien dichas doctrinas apuntaban al hecho de que el mensaje básico o fundamental de la Biblia era claro y fácil de comprender incluso por las mentes más simples, un punto al que los reformadores y puritanos se aferraban precisamente al mismo tiempo que seguían y exigían la educación y el estudio teológico al más alto nivel. La iglesia necesita entender esto una vez más. La iglesia siempre se ha enfrentado a cuestiones complicadas. Antes éstas cuestiones se centraban en la doctrina de Dios; ahora, tal vez, se centran en la relación de una cultura con otra, de cómo la iglesia de Occidente, con todos sus recursos financieros y educativos, puede tanto aprender como servir a la iglesia del Sur y del Este, con sus números masivos, sus signos de gran bendición de Dios, pero su dependencia económica e intelectual de la iglesia del Norte y del Oeste. Se trata de áreas difíciles que exigen una reflexión cuidadosa y humilde y que no pueden resolverse con afirmaciones simplistas de la verdad por parte de uno u otro bando, afirmaciones que, por supuesto, son más a menudo afirmaciones de poder del un grupo que de la verdad bíblica.

Estas son, pues, mis breves tesis para la academia y la iglesia. Probablemente soy ingenuo al pensar que esta conferencia marcará alguna diferencia; pero si ayuda a una sola persona a empezar a pensar en estas cuestiones, ya sea que esté de acuerdo o en desacuerdo con lo que digo, creo que habré cumplido de alguna manera con el tipo de responsabilidad que conlleva la *Conferencia John Wenham*, de la cual estamos participando.

CAPÍTULO 4: LA TRAYECTORIA DE PRINCETON SOBRE LAS ESCRITURAS: UNA ACLARACIÓN Y UNA PROPUESTA

Introducción

Creo que sigue siendo cierto que la mayoría de las doctrinas evangélicas de las Escrituras toman la tradición del antiguo Seminario de Princeton, antes del colapso de la ortodoxia en la década de 1930, como punto de partida para la reflexión teológica. Este es el caso tanto de los que desean desarrollar su propia comprensión de las Escrituras en continuidad con la de Hodge y compañía, como por ejemplo Roger Nicole, como de los que desean romper con la tradición de manera significativa, como Donald Bloesch. De la misma manera que Agustín sobre la gracia es un punto fundamental de cualquier discusión dogmática para los teólogos occidentales, los escritos de Princeton sobre la Escritura lo son para los evangélicos. Sin embargo, en los últimos años me parece que gran parte de los comentarios evangélicos sobre la trayectoria de Princeton son, en gran medida, inexactos y en muchos casos mal informados. Con frecuencia, las únicas citas de fuentes primarias (si es que hay alguna) que uno puede encontrar en tales discusiones tienen un extraño y sugestivo parecido con las notas a pie de página del libro de Jim I. Packer, *Fundamentalismo y la Palabra de Dios* [Fundamentalism and the Word of God], y así la asociación del viejo Princeton, y en particular de B.B. Warfield, con todo tipo de posiciones, particularmente sobre las Escrituras, persiste, probablemente porque muy pocos están preparados para levantarse y cuestionar cuánto conocimiento de primera mano subyace a las numerosas declaraciones descaradas de muchos de los críticos.

Un vistazo a cualquiera de los diversos compendios de los escritos de B.B. Warfield que están disponibles (sobre todo, la edición de diez volúmenes de Oxford University Press reeditada recientemente por Baker Book House) debería de inmediatamente alertarnos del hecho de que probablemente no estamos ante un tonto zoquete teológico.

El conocimiento de la historia de la Iglesia y de la exégesis bíblica, y el conocimiento de primera mano de la teología contemporánea, en particular la del calvinismo holandés y el liberalismo alemán, revelan a B.B. Warfield como un hombre mucho más competente en el amplio ámbito de la disciplina teológica de su época de lo que la naturaleza fragmentaria de la escena teológica contemporánea nos permite a cualquiera de nosotros ser hoy. Por lo tanto, debemos tomarle en serio, aunque sólo sea por el hecho de que era una persona muy culta y reflexiva que no adoptó ni abandonó posiciones teológicas sin pensarlo primero muy detenidamente.[1]

El contexto de la teología de Warfield

Cuando pasamos a la teología de Warfield propiamente dicha, debemos preguntarnos primero qué tipo de teología es. No es bueno centrarse simplemente en algunos pasajes aislados de los diversos escritos de Warfield sobre las Escrituras. La doctrina de las Escrituras en sí misma se encuentra dentro de un conjunto de otras doctrinas; y el enfoque que Warfield utiliza para esta doctrina estará determinado por una variedad de factores, tanto en términos de las cuestiones inmediatas y los oponentes a los que se dirige, como en términos de la tradición de la reflexión teológica en la que él mismo se encuentra. La teología es siempre una acción que se lleva a cabo dentro de una tradición, y siempre debe entenderse como tal.

Para empezar, Warfield, al igual que sus otros colegas del Seminario Teológico de Princeton antes de 1929, fue el último de una larga serie de representantes de la Ortodoxia Reformada. Se trataba de una tradición teológica que hundía sus raíces profundamente en la Reforma del siglo XVI y en el desarrollo

---

[1] La amplitud de los conocimientos y la experiencia de Warfield puede captarse consultando la lista bibliográfica de sus publicaciones (¡menos las que escribió sobre ganadería!) reunida por John E. Meeter y Roger Nicole en *A Bibliography of Benjamin Breckinridge Warfield 1851-1921* (Phillipsburg: Presbyterian and Reformed, 1974). Las colecciones útiles de sus escritos son el conjunto de diez volúmenes de Baker Book House, los cinco volúmenes editados por Samuel Craig y publicados por Presbyterian and Reformed entre 1948 y 1958; y los dos volúmenes *Selected Shorter Writings*, editados por John E. Meeter (Phillipsburg: Presbyterian and Reformed, 2001).

formal de la teología de la Reforma por parte de los protestantes en las universidades en los años posteriores a ese trascendental acontecimiento.

Dicha tradición teológica era católica, en el sentido de que intentaba estar en línea con los grandes credos de la Iglesia primitiva y también buscaba interactuar con los diversos contornos de la escena teológica contemporánea; era reformada, en el sentido de que se inspiraba en el ala reformada del protestantismo, con las diversas distinciones teológicas que ello implicaba.

También era confesional, en el sentido de que se basaba en un cuerpo de material confesional, principalmente en el caso de Princeton en los Estándares de Westminster; y era articulada de acuerdo con dichos Estándares, ya que uno de los legados de la ortodoxia reformada fue que dio a hombres como Warfield un vocabulario y un conjunto de conceptos con los que dar una formulación precisa a sus pensamientos teológicos.

Al igual que sus predecesores en el siglo XVII, los profesores de Princeton trataban de estudiar teología al más alto nivel y conocían bien el pensamiento y la literatura de aquellos cuyas creencias repudiaban. Así, Charles Hodge, el mayor teólogo sistemático de Princeton, se formó en las mejores universidades continentales europeas, y fue un buen amigo del teólogo de la mediación August Tholuck,[8] e incluso incluye una

---

[8] [La teología de la mediación fue popular durante el siglo XIX, y buscaba encontrar un punto intermedio entre la teologia liberal y la ortodoxia histórica cristiana. El erudito B. Simpson comenta: "En un principio, los estudiosos que se agrupan bajo este nombre siguieron principalmente a Schleiermacher. Pero, en general, se sitúan entre una perspectiva que afirma que para aferrarse al cristianismo hay que rechazar la modernidad, y otra en la que, para aferrarse a la modernidad, hay que rechazar el cristianismo. Buscan una posición mediadora. Las teologías mediadoras intentan reconciliar el cristianismo histórico con la cultura

nota a pie de página en su *Teología Sistemática* en la que recuerda
con nostalgia la asistencia a la iglesia de Schleiermacher cuando
estaba en Berlín, y la costumbre del gran alemán de cantar
himnos con sus hijos junto al fuego.[2]
Además, como ya se ha mencionado, los propios escritos de
Warfield muestran un profundo conocimiento del liberalismo
alemán y una apreciación, aunque crítica, de los objetivos de
varios teólogos alemanes. Por tanto, por mucho que algunos
(tanto enemigos como amigos) asocien ahora a Hodge, Warfield
y compañía con el pietismo reformado fundamentalista y el
oscurantismo reaccionario, en realidad no era de ninguna manera
así.

Teniendo en cuenta este contexto, no es de extrañar que la
comprensión de las Escrituras por parte de los princetonianos se
inscriba en un complejo de doctrinas teológicas desarrolladas en
la teología reformada desde el siglo XVI. Al igual que el
pensamiento de sus predecesores, la inspiración y la
infalibilidad/inerrancia no funcionan para los princetonianos
como axiomas de los que se deduce todo lo demás; más bien, la
comprensión de los teólogos de Princeton de la naturaleza de las

---

moderna. No son una escuela de pensamiento definida. Aunque están
influidas por Schleiermacher, también se inspiran en Hegel. Quieren
entender el cristianismo de una manera que tenga sentido en los tiempos
actuales. Muchos de los teólogos mediadores en Alemania son luteranos
defensores de la Iglesia Unida. Así que también hay un elemento
social/político/eclesiástico en las teologías mediadoras, siguiendo a
Schleiermacher, que buscan encontrar formulaciones teológicas que
puedan reunir las tradiciones luterana y reformada en Alemania bajo la
Iglesia Unida. A menudo, en el programa que proponen, se reconoce la
necesidad de ajustar ciertas interpretaciones confesionales tradicionales o
más recientes de las doctrinas cristianas." Christopher Ben Simpson,
Modern Christian Theology (London; Oxford; New York; New Delhi; Sydney:
Bloomsbury T&T Clark, 2016), 157–158.] Nota del traductor.
    [2] Charles Hodge, *Systematic Theology*, 3 vols. (Grand Rapids:
Eerdmans,1993) 3.3.9, II, 440, n. 1.

Escrituras está determinada por su posición en relación con una serie de otros puntos. La más importante de ellas es la naturaleza del conocimiento humano de Dios. A finales del siglo XVI, el teólogo reformado Francis Junius introdujo una importante distinción en la ortodoxia reformada: la distinción que existe entre la teología arquetípica y la ectípica. La distinción, tomada del filósofo medieval Juan Duns Escoto, se utilizó para dividir el autoconocimiento divino, es decir el conocimiento de Dios de sí mismo, o teología arquetípica, que es por definición perfecta e infinita, del conocimiento humano de lo divino, que es por definición limitado e imperfecto.

Es importante comprender este punto, ya que indica que existe una relación extremadamente importante entre ambos, de modo que Dios conserva su propiedad de estar velado u oculto, su soberanía e incomprensibilidad incluso después de haberse revelado; sin embargo, da a los humanos un conocimiento de sí mismo que, por apoyarse en su propio autoconocimiento, es, no obstante, verdadero con todas sus limitaciones.

Hodge no utiliza explícitamente la distinción, pero sostiene claramente su sustancia básica, como en la siguiente cita de su *Teología Sistemática*:

Aunque se admite no sólo que el Dios infinito es incomprensible, y que nuestro conocimiento de Él es parcial e imperfecto; que hay mucho en Dios que no conocemos en absoluto, y que lo que conocemos, lo conocemos muy imperfectamente; sin embargo, nuestro conocimiento, hasta donde llega, es un conocimiento verdadero. Dios es realmente lo que creemos que es, en la medida en que nuestra idea de Él está determinada por la revelación que ha hecho de sí mismo en sus obras, en la constitución de nuestra naturaleza, en su palabra y en la persona de su Hijo.³

Así, el conocimiento limitado, parcial e imperfecto es, sin embargo, un conocimiento verdadero. Este es un punto de vital importancia que hay que entender porque sirve para proporcionar un contexto básico para la comprensión princetoniana de las Escrituras como base cognitiva de la teología y, por tanto, para la comprensión princetoniana de la autoridad e inspiración de las Escrituras.

Esta distinción está estrechamente relacionada con la idea de la acomodación, es decir, la noción de que cuando Dios se comunica con la humanidad lo hace de forma coherente con las capacidades humanas. La acomodación tiene un buen pedigrí en la tradición cristiana, que se remonta por lo menos a Agustín y que Juan Calvino utilizó de forma más famosa. El propio Warfield rara vez se refiere directamente al concepto de acomodación, pero el mismo está presente en sus escritos, y su pensamiento es totalmente coherente con la tradición en este punto.⁴

La razón por la que menciono esto es para poner en perspectiva la famosa referencia de Hodge al comienzo de su *obra magna* a la teología como ciencia y a la Biblia como su libro de "hechos".⁵ Aquí Hodge utiliza el lenguaje del científico inductivo, al que su educación en Princeton, impregnada de

³ Charles Hodge, *Systematic Theology* 1.4.A, I, 338.
⁴ *The Inspiration and Authority of the Bible* (Philadelphia: Presbyterian and Reformed, 1948), 93. Cabe destacar la crítica de Tony Lane a Jack Rogers y Donald McKim sobre este punto: véase A. N. S. Lane, 'B. B. Warfield on the Humanity of Scripture', Vox Evangelica 16 (1986), 77-94.
⁵ *Systematic Theology* Introducción 1.1, I, 1-2.

realismo escocés de sentido común, le habría expuesto. Este lenguaje es un poco desafortunado, ya que permite a algunos estudiosos imputar a Hodge la opinión de que la Biblia no contiene más que un almacén de hechos y datos del tipo "Napoleón murió en Santa Elena" o "Dos más dos son cuatro"; en otras palabras, se considera que la tradición de Princeton considera la Biblia como un libro de información y datos.

Tales argumentos citan con frecuencia el lenguaje de los "hechos" como si esto fuera suficiente para ganar el punto en cuestión, y por lo tanto se exponen a la objeción de cometer la falacia de la raíz etimológica. De hecho -si se me permite el juego de palabras- Hodge utiliza el lenguaje de los hechos para plantear una analogía entre la teología y la ciencia con el fin de subrayar que, al igual que el mundo empírico es el fundamento cognitivo de la ciencia empírica, la Biblia es el fundamento cognitivo de la teología.

El lenguaje de Hodge es, desde una perspectiva moderna/posmoderna, tal vez desafortunado, pero el punto es sustancialmente el mismo que han hecho los teólogos cristianos a lo largo de la historia. El propio Warfield lo deja claro en su clásico ensayo de 1896 sobre "La idea de la teología sistemática", en el que sostiene que una ciencia presupone tres cosas: la realidad de la materia; la capacidad de la mente humana para conocer la materia; y un medio de comunicación por el que la materia llega a la mente.[6] Luego procede a definir la teología como ciencia:

> La afirmación de que la teología es una ciencia presupone la afirmación de que Dios existe, y que tiene se relaciona con sus

---

6 B. B. Warfield, *Studies in Theology* (Edimburgo: Banner of Truth, 1988), 55.

criaturas... La afirmación de que la teología es una ciencia presupone la afirmación de que el hombre tiene una naturaleza religiosa, es decir, una naturaleza capaz de comprender no sólo que Dios es, sino también, hasta cierto punto, lo que Él es...

La afirmación de que la teología es una ciencia presupone la afirmación de que existen medios de comunicación por los que Dios y las cosas divinas se presentan a las mentes de los hombres, para que las perciban y, al percibirlas, las comprendan. [7]

Así, la Escritura es el medio por el que las cosas divinas llegan a la mente del creyente. Es dentro de este contexto más amplio donde no sólo hay que entender el lenguaje de la ciencia y los hechos, sino también la elaboración de los teólogos de Princeton de la naturaleza de la autoridad de la Escritura. A esto nos referimos ahora.

Inspiración y revelación

La naturaleza de las Escrituras para el evangelicalismo bíblico tradicional y conservador se discute a menudo en términos de los conceptos de inspiración y revelación. W. G. T. Shedd, uno de los grandes teólogos dogmáticos presbiterianos estadounidenses del siglo XIX, dice lo siguiente sobre estos puntos en su *Teología Dogmática* de tres volúmenes:

La inspiración es como la revelación, en el sentido de que es una influencia sobrehumana sobre la persona particular seleccionada para ser el órgano de la mente divina. Pero la

[7] B. B. Warfield, *Studies in Theology* (Edimburgo: Banner of Truth, 1988), 55-56.

inspiración no va más allá de asegurar la ausencia de error en la presentación de la verdad que ha sido obtenida en las formas ordinarias en que los hombres obtienen la verdad; mientras que la revelación revela una nueva verdad que es inaccesible a la mente humana ordinaria. Un hombre puede estar inspirado y, sin embargo, no revelar nada. Gran parte de la Biblia es de este tipo. Pero un hombre al que se le comunica una revelación también es inspirado para expresarla y registrarla. La inspiración es más bien de naturaleza instructiva e informativa.[8]

En otras palabras, en términos generales, la inspiración se refiere *al modo* de entrega de las Escrituras, de una manera que garantiza la ausencia de error, mientras que la revelación se refiere *al contenido* de las Escrituras; en este caso, de verdades que no estarían disponibles para la razón natural o que no fueron descubiertas por los medios empíricos normales de investigación.

Sobre la inspiración, por supuesto, el texto clave es el ensayo homónimo de 1881 de Archibald A. Hodge y B. B. Warfield en la *Presbyterian Review*.[9] El ensayo se divide en dos partes. La primera parte, escrita por A. A. Hodge, trata de los fundamentos doctrinales y la definición de la inspiración; la segunda parte, escrita por Warfield, trata de las aparentes discrepancias, etc., en el texto bíblico. Sin embargo, no hay razón para considerar que el contenido del conjunto refleje nada menos que las opiniones de ambos hombres.

---

8 W. G. T. Shedd, *Dogmatic Theology*, 3 vols (Nashville: Nelson, 1980) I, 70-71.

9 "Inspiración", *Presbyterian Review* 2 (1881), 225-60. Este ensayo se reimprimió, con una introducción de Roger R. Nicole, y se publico como un libro, *Inspiration* (Grand Rapids: Baker, 1979). En la preparación de este artículo he utilizado la paginación de la edición de Nicole.

Teniendo en cuenta la posterior reputación del artículo entre los evangélicos liberales como símbolo de la dogmática conservadora sobre las Escrituras, merece la pena señalar que el artículo suscitó originalmente una considerable oposición por parte de elementos conservadores entre los presbiterianos estadounidenses por considerar que concedía demasiado a la izquierda liberal. Los documentos pertinentes pueden encontrarse en la reedición de 1979 del artículo de Roger Nicole, reunidos en los Apéndices 1 y 2 del libro.[10]

La controversia se centró en parte en el rechazo por parte de Hodge y Warfield del dictado como modo literal de inspiración, prefiriendo argumentar a favor de una concurrencia providencial entre los autores divinos y humanos como medio de establecer las Escrituras como fiables e inspiradas. Como declaraba el ensayo original:

> Preferimos usar el término [*inspiración*] en el sentido único de la obra continua de superintendencia de Dios, por la cual, habiendo sido presupuestas sus contribuciones providenciales, misericordiosas y sobrenaturales, él presidió a los escritores sagrados en toda su obra de escritura, con el propósito y el efecto de hacer que esa escritura sea un registro sin errores de los asuntos que él quiso que comunicaran, y por lo tanto constituyendo el volumen entero en todas sus partes la palabra de Dios para nosotros.[11]

A esto le sigue la afirmación de que la inspiración es tanto plenaria (es decir, coextensiva con todo el canon bíblico) como verbal (es decir, se extiende a las propias palabras del texto). En

---

10 *Inspiration*, 73-82.
11 *Inspiration*, 18.

este último contexto, Hodge y Warfield son enfáticos en su rechazo a una visión mecánica o dictacional de la inspiración:

> Este punto de vista [del dictado]... lo repudiamos tan seriamente como cualquiera de los que objetan el lenguaje en cuestión. En la actualidad, los defensores de la doctrina más estricta de la inspiración, al insistir en que es verbal, no quieren decir que los pensamientos fueron inspirados de alguna manera por medio de las palabras, sino simplemente que la superintendencia divina, que llamamos inspiración, se extendió a la expresión verbal de los pensamientos de los escritores sagrados, así como a los pensamientos mismos, y que por lo tanto la Biblia, considerada como un registro, es decir, una expresión en palabras de una revelación divina, es la palabra de Dios para nosotros.[12]

En esta afirmación, Hodge y Warfield ofrecen una visión de la inspiración que concuerda con su visión de la agencia humana en su conjunto. En la tradición reformada, la acción humana y la voluntad divina están tan compenetradas que ninguna se niega o es absorbida por la otra. Ambas son operativas en cada acción histórica. Hay, para usar los términos de Warfield, un *concursus,* un funcionamiento conjunto de lo divino y lo humano que preserva tanto la realidad como la integridad de ambos.[13]

Lo que es diferente en el contexto de las Escrituras es que la superintendencia divina de la escritura del registro bíblico está específica y explícitamente relacionada con el registro preciso del tema de la revelación. Este paralelismo entre la inspiración y la providencia es digno de mención, aunque sólo sea porque una

---

12 *Inspiration,* 19.
13 Por ejemplo, *The Inspiration and Authority of the Bible,* 94-96; véase también la discusión en Lane, 84-85.

de las escuelas del evangelicalismo de izquierdas liberales, como
la de Clark Pinnock, ha rechazado la doctrina clásica de la
inspiración, en parte, precisamente por estos motivos, viendo
quizá con más claridad que algunos evangélicos arminianos
ortodoxos lo estrechamente vinculadas que están ambas
doctrinas.

Como apunte, debemos reconocer que Warfield matizó
posteriormente su comprensión de la revelación para distinguir
tres modos diferentes de revelación: teofanía o manifestación
externa, sugerencia interna y operación concursiva. En las dos
primeras categorías, sí deja espacio para que las palabras sean
dadas directamente por Dios a su portavoz humano elegido, pero
esto es el resultado de las exigencias del texto bíblico o de la
historia en la que, como en el caso de Moisés, Dios se reunió con
el profeta y le dijo exactamente qué palabras debía escribir.[14]

Todos estos argumentos sirven para subrayar la afirmación
básica de Warfield de que lo que dice la Escritura, lo dice Dios.
Por eso se siente capaz de caracterizar las Escrituras como
oraculares. De hecho, en su artículo "La Doctrina de Inspiración
de la Iglesia" [The Church Doctrine of Inspiration], dice lo
siguiente:

La Iglesia considera la Biblia como un libro oracular, como la
Palabra de Dios en el sentido de que todo lo que dice lo dice
Dios, no un libro en el que uno puede, buscando, encontrar
alguna palabra de Dios, sino un libro al que se puede apelar
francamente en cualquier momento con la seguridad de que
todo lo que se puede encontrar que dice, es la Palabra de
Dios.[15]

---

14 *The Inspiration and Authority of the Bible*, 83-96.
15 *The Inspiration and Authority of the Bible*, 106.

116 ESCRITOS CRÍTICOS SOBRE EL EVANGELICALISMO

El lenguaje del oráculo, por tanto, es utilizado por Warfield para contrastar la visión ortodoxa de las Escrituras con las nociones liberales, místicas o del romanticismo que convierten las Escrituras de la Palabra de Dios en reflexiones humanas sobre Dios. Merece la pena señalar este punto con atención, porque al menos un crítico evangélico de Warfield ha utilizado el lenguaje del oráculo de Warfield y sus afines para ridiculizar su posición sobre las Escrituras.

En una ponencia presentada a la Tyndale Fellowship en Cambridge en 1995, el distinguido erudito y teólogo anglicano Anthony Thiselton abrió una brecha entre, por un lado Warfield y sus seguidores, que, según él, tendían a considerar que la autoridad de las Escrituras residía en su condición de transmisor de información verdadera, y, por otro lado, los de la tradición de James Orr y G. C. Berkouwer, que tendían a enraizar su autoridad en su función salvífica. Entre estos dos polos, Thiselton presenta su propio punto de vista, basado en la teoría de los actos de habla, que ofrece un camino constructivo en el medio de ambas.[16]

Hay una serie de puntos en los que ese documento es vulnerable a la crítica, sobre todo por la determinación de Thiselton de presentar la posición de Warfield de manera casi exclusivamente informativa, aunque lo haga sobre la base probatoria extremadamente estrecha de sólo un puñado de citas selectas y aisladas de los escritos del Princetoniano.

Además, Warfield es explícitamente tergiversado en cuanto a su uso de la analogía de la encarnación al describir la relación

---

[16] Anthony C. Thiselton, 'Authority and Hermeneutics: Some Proposals for a More Creative Agenda', en Philip E. Satterthwaite y David F. Wright (eds), *A Pathway into the Holy Scripture* (Grand Rapids: Eerdmans, 1994), 107-41.

de lo divino y lo humano en las Escrituras,[17] y se hacen varias afirmaciones sin ninguna prueba que las respalde, como si la verdad de afirmaciones muy discutibles fuera tan conocida como para estar por encima de toda discusión. Por ejemplo, se nos dice que los que se asociaron con el punto de vista de Warfield cayeron cada vez más bajo el hechizo de considerar la revelación principalmente bajo el modelo único de transmisión de información.[18]

No se cita ninguna prueba que apoye este punto de vista; y el hecho de que algunos defensores modernos de la infalibilidad o la inerrancia bíblica puedan haber caído en este error no nos permite condenar a toda la tradición, o a los princetonianos, o a los que se identifiquen con ellos. En el mejor de los casos, se trata de un argumento *post hoc, propter hoc*; y en el peor de los casos, simplemente se está jugando con un público simpatizante que siempre tenderá a asumir que los emperadores eruditos nunca desfilarían desnudos en público.[19]

Menciono estos puntos no para socavar las significativas contribuciones del profesor Thiselton al pensamiento sobre las Escrituras y la interpretación, sino simplemente para indicar lo cuidadosos que debemos ser al leer las opiniones, incluso las de los eruditos teológicos más fiables como Thiselton, sobre la cuestión del enfoque de Princeton sobre la autoridad bíblica.

---

[17] Compárense los comentarios de Thiselton en las páginas 125-26 con las páginas que él mismo cita en Warfield, *The Inspiration and Authority of the Bible*, 162-63, donde Warfield inyecta precisamente las notas de precaución *al* distinguir la escritura de la encarnación que el propio Thiselton aconseja.

[18] 'Authority and Hermeneutics'110.

[19] Y, por supuesto, el libro de Harold Lindsell, *The Battle for the Bible (La batalla por la Biblia)* hace su aparición totémica como medio de ridiculizar la posición de inerrancia por asociación: véase "Authority and Hermeneutics", 113-14, donde se presenta como la extensión lógica del enfoque "informativo" de Warfield sobre la autoridad bíblica.

Seguramente es justo que Warfield sea examinado cuidadosamente con el debido respeto a su contexto y a sus posiciones teológicas generales, y que luego sea juzgado por sus propios méritos y por los de sus mejores seguidores, y no por las declaraciones precipitadas de algún discípulo celoso de la doctrina, pero tal vez inferior calidad teológica. Lo que Thiselton ha hecho, de hecho, es no ver el sentido del lenguaje de la inspiración y el oráculo en los escritos de Warfield. Para Warfield, la autoridad no reside, en última instancia, en el mero contenido informativo de las Escrituras; sino que reside en el hecho de que las Escrituras son lo que Dios quiso que fueran. Las Escrituras utiliza las palabras, el lenguaje, la gramática y la sintaxis que Dios quiso, y lo hace porque es divinamente inspirada, oracular, que lo que dice, lo dice Dios, y que lo que hace, lo hace Dios.

Este planteamiento no implica necesariamente la reducción del contenido de las Escritura, o de la finalidad de la Escritura al modelo primario de la información, o de la transmisión de la información, como veremos en breve cuando pasemos a discutir su noción de revelación. Si, por casualidad, algunos deciden abusar de ella de ese modo, no es culpa de la doctrina de la inspiración tal como la articuló Warfield en sí misma.

Algunas personas utilizan martillos para hacer daño en lugar de colgar cuadros; eso no significa que la persona que diseñó el martillo pueda ser considerada responsable de los actos de vandalismo a los que se puedan aplicar sus martillos; y si el enfoque de Warfield se ha utilizado para hacer daño, eso es culpa de los practicantes particulares, no del propio Warfield.

La dicotomía información-función no es una crítica nueva planteada por Thiselton. También se impulsó mucho en el libro de Jack Rogers y Donald McKim, *La autoridad e interpretación de la Biblia* [The Authority and Interpretation of the Bible] (San Francisco: Harper and Row, 1979), que pretendía legitimar el enfoque funcional de Berkouwer dotándolo de un pedigrí histórico adecuado. Aunque el ensayo de Thiselton depende en cierta medida de la obra de Rogers y McKim, para su comprensión histórica (aunque no para la fuerza de sus propuestas dogmáticas), hay que decir que este libro en particular, *La autoridad e interpretación de la Biblia*, ha sido demolido de forma tan decisiva por estudiosos como John Woodbridge, Richard Gaffin y Richard Muller que su principal utilidad hoy en día radica en su condición de ejemplo clásico de las trayectorias políticas que rodearon los debates sobre las Escrituras en el presbiterianismo estadounidense en las décadas de 1960 y 1970.

Warfield, al igual que sus contemporáneos holandeses, Abraham Kuyper y Herman Bavinck, se negaba a separar la naturaleza formal de la Escritura de su contenido material: ambos estaban íntimamente relacionados, y la forma estaba determinada por el contenido o la intención, ya fuera la comunicación de información histórica, la interpretación de los grandes actos salvíficos de Dios o los muchos tipos de actos de habla (para usar la jerga moderna) que Dios realiza mediante la Escritura. Mi sospecha es que la brecha entre los profesores Warfield y Thiselton no es realmente tan grande, ni la contribución moderna tan demoledora, como a este último le gustaría creer.

Después de haber examinado la inspiración, ahora debemos echar un breve vistazo a la concepción de Warfield sobre la revelación. El pensamiento de Warfield en esta área se resume en su artículo de 1915, "La idea bíblica de la revelación", que fue escrito para la *International Standard Bible Encyclopedia*, editada por James Orr. La comprensión de Warfield de la estructura básica de la revelación, dividida en revelación general (natural) y revelación especial, lo sitúa firmemente dentro de la tradición histórica reformada. La revelación especial, a diferencia de la general (natural), es salvadora: revela a Dios como el Dios del pacto, de Cristo y de la salvación por la gracia. Como tal, posee una cierta estructura histórica de la que Warfield es muy consciente, al ser un erudito bíblico y sensible a la forma de la historia redentora expuesta en la Biblia:

> A diferencia de su revelación general y natural, de la que participan todos los hombres en virtud de su propia naturaleza, esta revelación especial y sobrenatural fue concedida al principio sólo a ciertos individuos, luego progresivamente a una familia, una tribu, una nación, una raza, hasta que, cuando llegó la plenitud de los tiempos, se convirtió en posesión de todo el mundo.[20]

Para Warfield, la revelación sigue, pues, el flujo histórico del amor electivo de Dios, tal y como se recoge en las Escrituras, que culmina en Cristo y, a partir de ahí, se extiende a todo el mundo. Warfield fue, por supuesto, colega y buen amigo de Geerhardus Vos, el pionero de la teología bíblica conservadora en la senda histórico-redentora que luego retomaron y desarrollaron Herman Ridderbos, Willem Van Gemeren, etc. Además, la contribución de la teología del pacto al pensamiento reformado a lo largo de los siglos garantizó que Warfield trabajara en un contexto teológico en el que el movimiento de la obra salvífica de Dios en la historia era un tema central.

---

[20] *The Inspiration and Authority of the Bible,* 79.

Esto tiene un impacto importante en su comprensión de la revelación: ésta no se reduce enfáticamente a las Escrituras, sino que de hecho abarca los actos salvíficos de Dios en la historia, que las Escrituras sirven entonces como fundamento epistemológico y como interpretación. Cito extensamente a Warfield sobre este punto:

La revelación se hace, por supuesto, a menudo a través de la instrumentalidad de los hechos; y la serie de sus grandes actos redentores por los que salva al mundo constituye la revelación preeminente de la gracia de Dios, en la medida en que estos actos redentores están abiertos a la observación y se perciben en su significado.

Pero la revelación, después de todo, se correlaciona con el entendimiento, y tiene como fin próximo sólo la producción de conocimiento, aunque no, por supuesto, el conocimiento por sí mismo, sino por el bien de la salvación... Tampoco puede pensarse que esta serie particular de actos tenga como diseño principal la producción de conocimiento; su diseño principal es más bien salvar al hombre.

Sin duda, la producción del conocimiento de la gracia divina es uno de los medios por los que se alcanza este designio principal de los actos redentores de Dios. Pero esto sólo hace más necesario que el resultado próximo de producir el conocimiento no fracase. Es sin duda por esta razón que la serie de actos redentores de Dios no se ha dejado para que sea explicada por sí misma, sino que se le ha añadido la palabra explicativa.

La revelación aparece, sin embargo, no como el mero reflejo de los actos redentores de Dios en las mentes de los hombres, sino como un factor en la obra redentora de Dios, una parte que

122 ESCRITOS CRÍTICOS SOBRE EL EVANGELICALISMO

compone la serie de sus actos redentores, sin la cual esa serie sería incompleta y hasta ahora inoperante para su fin.[21]

De esta concepción de la revelación se desprenden dos cosas. En primer lugar, no hay necesidad de considerar la doctrina de la inspiración como un aplanamiento de las Escrituras al nivel en que todas las partes son igualmente importantes. Ciertamente, la doctrina de Warfield exige que todas las partes sean igualmente autorizadas de manera formal, en el sentido de que todas las partes están ahí tal y como Dios quería que estuvieran: los detalles del asesinato de Ehud así como la promesa del pacto hecha a Abraham. Pero, materialmente, son los relatos de los grandes actos de salvación de Dios y su explicación los que ocupan el centro del escenario.

Esta es, por supuesto, la razón por la que Warfield no consideraba que la suscripción a su concepción de la inspiración fuera la esencia de la fe cristiana. Era, en su opinión, la posición más consistente y coherente; pero se podía ser cristiano y mantener una interpretación más limitada de la autoridad de la Biblia.

El cristianismo, declaró audazmente Warfield en un momento dado, sería verdadero incluso sin una doctrina de inspiración, o incluso sin ninguna Biblia, porque los grandes hechos salvíficos de Dios tienen lugar en la historia y habrían sido atestiguados por personas históricas reales que habrían proporcionado relatos fiables, si no infalibles, de lo ocurrido. La creencia en la inspiración es la piedra angular de la creencia cristiana, pero no su fundamento.[22]

---

[21] *The Inspiration and Authority of the Bible*, 80-81.
[22] *The Inspiration and Authority of the Bible,*, 210-12; cf. 121-23; también *Inspiration*, 7-8.

La Iglesia cree en la inspiración porque Cristo y los apóstoles enseñaron la doctrina y, por tanto, es una parte importante de la fe cristiana coherente, aunque la creencia en dicha doctrina no sea absolutamente necesaria en términos de salvación, un punto que el propio Warfield no se cansa de señalar vez tras vez.

El segundo punto es que la Escritura, como acto redentor, como explicación de los actos salvíficos de Dios en la historia, no requiere la reducción de su contenido al de una información objetiva, como han afirmado otros. Es cierto que exige que la revelación tenga un cierto contenido cognitivo, que apele al entendimiento humano, que tenga una forma lingüística; pero no requiere que la revelación bíblica se reduzca al nivel de la afirmación "Dos más dos es igual a cuatro", que supongo (porque no da una definición precisa) es lo que el profesor Thiselton quiere decir cuando habla de que la tradición de Warfield está preocupada por el contenido informativo de la Escritura. Los enunciados de las Escrituras, por estar relacionados con la acción salvadora de Dios en la historia, son en su propia esencia existenciales en cuanto a las exigencias que plantean al lector o al oyente.

Para hacer una analogía trivial: cuando llega mi declaración de la renta cada año, junto con sus notas explicativas, esas notas hacen demandas de mi. Contienen mucha información, pero si me limito a leerlas, y las entiendo meramente a "nivel informativo" y luego paso a otros asuntos más urgentes sin rellenar la declaración de impuestos, se podría argumentar que realmente he entendido mal las notas, y esa excusa no me servirá de nada cuando la Agencia Tributaria se abalance sobre mí dentro de seis meses.

Las notas no se limitan a decirme cómo debo rellenar el formulario; sino que, en el contexto de la recepción del formulario, me exigen implícitamente que lo rellene, o que me enfrente a las graves consecuencias, privándome así de cualquier excusa para no cumplir con mi deber. Del mismo modo, que me digan que mi casa se está incendiando implica un cierto nivel de contenido cognitivo.

Pero es engañoso decir cuando alguien afirma que la declaración "mi casa se está incendiando" implica necesariamente cognición esta reduciendo dicha declaración al nivel de mera información. Lo mismo ocurre con las Escrituras. La información que contienen debe ser exacta para que sea útil; pero ésta información está íntimamente relacionada con los grandes actos salvíficos de Dios en la historia y, por tanto, plantea exigencias a toda la persona que la lee o la escucha.

Forzar una distinción entre información y función de la manera que se le ha imputado a Warfield es perder por completo la relación básica que él ve que tiene la Escritura con los actos de salvación de Dios y, de hecho, el estatus que le atribuye como uno de esos actos de salvación.

¿Podemos utilizar a Warfield hoy en día?

La cuestión más apremiante respecto a la posición de Warfield sobre las Escrituras es, por supuesto, si nos resulta útil hoy en día. El debate sobre las Escrituras, como indica Tony Thiselton en su artículo, continúa en los círculos evangélicos siguiendo líneas a favor y en contra de Warfield; ¿es esto necesario, o incluso útil como medio para abordar el problema?

Obviamente, en un ensayo como éste es imposible resolver todos los problemas que rodean a los debates evangélicos actuales sobre las Escrituras, por lo que me limitaré a tres puntos que espero sean de utilidad para usted cuando intentes luchar con estas cuestiones en tus estudios teológicos y en tu propia vida cristiana.

El primer punto es sencillo: sólo porque los que atacan la tradición de Princeton en general, y a Warfield en particular, son eruditos de renombre mundial que pueden ser más inteligentes y mejor leídos que usted o yo, eso no los hace necesariamente correctos. Al igual que con todos los libros académicos que lea (y, de hecho, cualquier escrito producido por miembros del bando pro-Warfield como yo), compruebe las notas a pie de página, compruebe las fuentes, lee las citas en los textos originales para determinar el contexto teológico inmediato de determinadas afirmaciones. Se sorprenderá de la frecuencia con la que las seguras afirmaciones sobre tal o cual aspecto de la tradición de Warfield se basan en una lectura poco fiable de los materiales primarios, y más en una interpretación forzada de una frase concreta y, a veces, en ninguna lectura de los materiales primarios.

El segundo punto se refiere a lo que podría llamarse "la tercera vía" de aproximación a las Escrituras, propuesta sobre todo por Tony Thiselton, pero también por Kevin Vanhoozer y Nicholas Wolterstorff (aunque los tres tienen distintos énfasis y diferentes grados de simpatía con la tradición del antiguo Princeton). Ciertamente, creo que cualquier cosa que enfatice el hecho de que la Escritura es más que una colección de hechos es bienvenida, y gran parte del análisis de los *actos de habla* es extremadamente útil para entender no sólo lo que Dios *dice* en la Biblia, sino también lo que está *haciendo*.

Sin embargo, sigo sin estar convencido de dos de las implicaciones de la obra de dichos autores, en particular de Tony Thiselton, en relación con el antiguo enfoque de Princeton. En primer lugar, no estoy convencido de que la teoría del acto de habla represente un avance especialmente significativo en cuanto a su contribución positiva a la comprensión de la Biblia. Que la Biblia contiene una variedad de géneros literarios, que Dios dice y hace cosas diferentes a través de diferentes partes de la Biblia, me parece que es algo que los mejores teólogos siempre han apreciado a lo largo de la historia. Lo que hace la teoría de los actos de habla es proporcionar un vocabulario preciso, aunque a veces algo oscuro, con el que se puede expresar y comprender esta verdad. Tal vez se podría añadir que este vocabulario conceptual da sus frutos en el sentido de que nos permite ser más conscientes de lo que gran parte de la tradición exegética de la Iglesia ha hecho siempre. Sin embargo, para ser justos con el grupito de eruditos de los actos de habla, estudiosos como Tony Thiselton son muy conscientes de esto; pero es útil -y tal vez conduzca a la modestia cristiana- recordarnos este hecho de vez en cuando.

En segundo lugar, no estoy convencido de que la teoría de los actos de habla haga totalmente redundante el tipo de preguntas sobre la inspiración que Warfield planteaba y trataba de responder. La promesa de salvación dada a Abraham está íntimamente ligada a los actos salvadores de Dios en la historia y, desde nuestro punto de vista, íntimamente ligada al hecho de que Abraham era una persona histórica.

La Biblia contiene narraciones históricas; aunque las formas literarias de estas narraciones tienen sin duda un significado teológico crucial, su forma literaria no elimina el hecho de que dichas narraciones también tienen pretensiones de historicidad; y vincula los poderosos actos verbales de Dios de mandato y promesa a determinados actos históricos poderosos.

Para el cristiano es sumamente importante que Dios haya pronunciado realmente estas palabras concretas de promesa a Abraham; para el cristiano es sumamente importante que Dios haya resucitado realmente a Cristo de la tumba al tercer día; para el cristiano es sumamente importante que, cuando Pablo escribe sus cartas, haya estado en los correcto y no se haya equivocado. Sí, las palabras hacen cosas; pero las palabras de Dios son habladas por Dios, y respaldadas por los hechos de Dios.

Uno puede abandonar la posición de Warfield sobre las Escrituras si lo desea, pero entonces debe sustituir dicho modelo de inspiración por algo que sea adecuado para la tarea de garantizar que el contenido cognitivo de la fe cristiana (por ejemplo, el conocimiento de que el Dios que promete está dispuesto y es capaz de cumplir su promesa) esté a salvo y sea seguro. Yo mismo no veo por qué la posición de Warfield no es totalmente adecuada para, y compatible con, el tipo de enfoque de acto de habla de las Escrituras que algunos proponen; claro, siempre que sus proponentes eviten la caricatura de la posición de Warfield diciendo que aplana las Escrituras al nivel de información objetiva y nada más.

Mi tercer punto surge del excelente ensayo de Tony Lane, B. "B. Warfield sobre la humanidad de las Escrituras" [B. B. Warfield on the Humanity of Scripture], el único trabajo del que tengo conocimiento que se centra en este aspecto de la posición de Warfield. Al final de este excelente ensayo, el autor hace una interesante propuesta sobre el camino a seguir para los eruditos evangélicos que desean mantenerse en continuidad con las ideas de Warfield, pero que también desean hacer avanzar el argumento de una manera que sea útil en la escena contemporánea:

El camino a seguir no es debilitar la firme comprensión de Warfield de la autoría divina de las Escrituras, de la misma manera que tampoco la negación de la deidad de Cristo es la cura para el docetismo. Lo que se necesita no es *disminuir* nuestra comprensión de la Escritura como palabra de Dios, sino *aumentar* nuestra comprensión de su autoría humana. Warfield reconoció *formalmente* la humanidad de las Escrituras, pero se le podría acusar con razón de no haber desarrollado sus implicaciones. La manera de evitar una ruptura entre los dogmáticos y los biblistas no es abandonar el punto de vista de Warfield sobre la Escritura como palabra de Dios, sino desarrollar su doctrina sobre su autoría humana.[23]

Me encuentro de acuerdo de manera formal con esta afirmación. Dado el hecho, como reconoce Tony Lane, de que el contexto polémico de la obra de Warfield era uno en el que lo que estaba en juego era precisamente la autoría divina de las Escrituras, Warfield inevitablemente hizo hincapié en ello a expensas de no desarrollar lo humano, y es aquí donde queda trabajo por hacer.

Creo, sin embargo, que todavía quisiera matizar la propuesta de una manera modesta. Es cierto que, en los últimos años, la posición de Warfield ha encontrado un hogar más cómodo entre varios teólogos sistemáticos, como James Packer y Wayne Grudem, que, entre el gremio de biblistas evangélicos, probablemente en gran parte porque estos últimos suelen preocuparse en primer lugar por la forma de la Escritura que, por supuesto, tiende a enfatizar inevitablemente su aspecto humano.

---

[23] Lane, 90.

Los teólogos sistemáticos tienen, por tanto, el deber de indicar que la trayectoria de Warfield sobre la Escritura es quizá más amplia de lo que inicialmente habían considerado, y que, en principio su postura hace más concesiones a la dimensión humana de lo que su imagen popular podría sugerir.

Incluso en el famoso artículo de Hodge-Warfield sobre la inspiración se deja cierto margen de maniobra sobre la cuestión de la fecha y la autoría de determinados libros de la Biblia, con la única condición de que ninguna conclusión en este ámbito contradiga el propio testimonio de las Escrituras sobre el asunto, si es que lo hace.[24] Además, en lo que respecta a las cronologías y los números en la Biblia, la distinción de Hodge-Warfield entre precisión y exactitud parece dar de nuevo un margen de maniobra a los biblistas.[25]

Por último, como sostiene el propio Tony Lane, a pesar del compromiso de Warfield con la idea de autógrafos inerrantes, todo el marco del *concursus* y la autoría humana, por no mencionar las declaraciones en los propios escritos de Warfield, parecería dejar suficiente espacio para hacer concesiones a un trabajo editorial pre-histórico de determinados textos definitivos.[26] Sería útil recordar a los biblistas todas estas cosas, para que no tiren inadvertidamente al bebé con el agua del baño.

24 *Inspiration*, 39.
25 *Inspiration*, 28-29.
26 Lane, 82, citando *The Inspiration and Authority of the Bible*, 156. Como señala Lane, Warfield habla de la prehistoria del texto como el producto de un único autor, pero no hay ninguna razón obvia por la que esta idea no pueda ampliarse para incluir un proceso editorial que implique a varios individuos, siempre que, por supuesto, esto no contradiga las propias declaraciones de las Escrituras sobre sí mismas. Por ejemplo, me parece que, para el erudito comprometido con la autoridad suprema de las Escrituras, las declaraciones de Cristo sobre la autoría superan todas las alternativas críticas.

Sin embargo, la batalla dentro del evangelicanismo se centra hoy en la autoría divina de las Escrituras. No es la humanidad de las Escrituras lo que el gremio de los biblistas evangélicos suele descuidar. Así, mientras que los teólogos sistemáticos evangélicos pueden necesitar pensar más a fondo su posición sobre la autoría humana, los eruditos bíblicos ciertamente necesitan tener en cuenta la autoría divina, y hacerlo más pronto que tarde. La falta de reflexión crítica dentro de la erudición bíblica evangélica sobre lo que significa realmente la afirmación de que la Escritura es la Palabra de Dios, sobre qué límites esto impone a la investigación, y qué implicaciones tiene esto para el método, es una señal preocupante. Esto se ve exacerbado por el divorcio que existe ahora entre la teología sistemática y los estudios bíblicos y la paranoia en algunos círculos de que, sea lo que sea lo que se haga, no se debe abordar el texto con ninguna agenda teológica - una posición que es contraproducente, ya que no existe la posibilidad de ningún enfoque del texto bíblico que no implique presuposiciones teológicas de algún tipo.

Creo que no se trata solamente de elevar nuestra comprensión de la autoría humana, sino de ver precisamente cómo lo divino y lo humano son compatibles. Warfield tenía una respuesta en su doctrina de la inspiración y su noción de *concursus*. No era un idiota. Vio que éste era uno de los problemas centrales de las Escrituras al que el teólogo cristiano o el biblista tenían que enfrentarse en última instancia.

Quizá la solución de Warfield sea desequilibrada o no del todo adecuada; pero si ese es el caso, entonces deberíamos intentar construir sobre ella, y construir mejor, en lugar de simplemente negarnos a enfrentarnos al problema, a mutilar el texto de bíblico cualquier manera durante la semana de trabajo en la academia, y luego inclinar la cabeza en reverencia ante su enseñanza el domingo.

Si las Escrituras forman parte de la acción redentora de Dios en la historia a favor de la humanidad, si lo que las Escrituras dicen y hacen, lo dice y lo hace Dios, como afirmaba Warfield, entonces no son juegos ociosos a los que juegan los eruditos; tienen implicaciones muy profundas y serias; y haríamos bien en afrontar las cuestiones con la seriedad y la inteligencia de Warfield, incluso si descubrimos que no podemos ir con él hasta el final de todas sus conclusiones.

CAPÍTULO 5: LA GLORIA DE CRISTO: B. B. WARFIELD SOBRE JESÚS DE NAZARET

Introducción

Cuando B. B. Warfield murió hace más de ochenta años, en 1921, J. Gresham Machen, su colega de Princeton comentó que el viejo Princeton había muerto con él.[1] Se puede decir que no era una exageración, ya que Warfield era de la talla de un hombre cuya erudición había sido reconocida con la concesión de un título honorífico de la Universidad de Utrecht, que había mantenido relaciones personales con luminarias como Abraham Kuyper y Herman Bavinck, y cuyos escritos, tanto a nivel popular como académico, habían influido en una generación de cristianos en la iglesia y en la academia.

Sin embargo, es cierto que Warfield es poco conocido hoy en día fuera de los estrechos límites del mundo evangélico, que

---

[1] Este capítulo fue impartido originalmente en la conferencia de la Biblioteca Evangélica (Londres) en 2001.

su piedad se aprecia mucho más de lo que se entiende su
erudición, y que sus amplias contribuciones teológicas no son
apreciadas ni siquiera por aquellos para quienes es un símbolo de
la ortodoxia teológica. De hecho, cuando formulamos la pregunta
"¿Por qué se conoce a Warfield hoy en día?", es probable que
obtengamos respuestas que se centren en su articulación de la
inspiración y la autoridad bíblica, sus argumentos a favor del cese
de los dones sobrenaturales del Espíritu, o sus cautelosos
argumentos a favor de la evolución teísta. Sin embargo, como
revela la selección de diez volúmenes de sus escritos publicada
por Oxford University Press a principios del siglo XX, su alcance
fue mucho más amplio de lo que sugieren estos tres estrechos
enfoques.[2]

Por ejemplo, también escribió sobre la historia de la Iglesia,
produciendo ensayos sobre Tertuliano, Agustín y Calvino que
aún hoy tienen valor. También se dedicó a estudiar y refutar
ampliamente el perfeccionismo, proporcionando a la Iglesia uno
de los análisis históricos y teológicos más completos de la
enseñanza de la santidad que jamás se haya producido.

Además, también encontró tiempo para escribir reseñas
sobre muchos de los libros teológicos significativos de su tiempo,
tanto continentales como angloamericanos, lo que revela no sólo
una amplia competencia lingüística, sino también una
comprensión profunda y precisa de las posiciones liberales que
rechazaba. De hecho, sospecho que es cierto que Warfield leyó a
sus oponentes liberales con más cuidado, cortesía y conocimiento
teológico general que el que los liberales han aplicado a su obra
a lo largo de los años.

---

2 *The Works of B. B. Warfield* (Grand Rapids: Baker, 2000). Se trata de
una reimpresión de la edición en diez volúmenes publicada por Oxford
University Press.

Reducir la importancia de Warfield a unos pocos temas
doctrinales es, por lo tanto, pasar por alto la verdadera grandeza
del hombre cuya vida fue impulsada mucho más por el deseo de
reafirmar la fe reformada clásica de una manera articulada e
inteligente que por centrarse simplemente en uno o dos puntos
controvertidos.[3] De hecho, su grandeza queda perfectamente
reflejada en un reciente comentario de Mark Noll y David
Livingstone:

> Incluso en la larga lista de destacados teólogos conservadores
> del viejo Princeton, que se extiende desde Archibald
> Alexander... hasta J. Gresham Machen... Warfield destaca. En
> esa distinguida compañía, era el más leído, tenía la mayor
> destreza en los idiomas europeos, mostraba la mayor
> paciencia para desentrañar los argumentos y escribía con
> claridad sobre la más amplia gama de temas.[4]

Hoy, por tanto, quiero romper con el canon tradicional de temas
evangélicos sobre los que se consulta a Warfield y examinar, en
cambio, un puñado de escritos de su pluma dedicados a la
cristología, la persona y la obra de Jesucristo. En palabras de John
Murray, "no hay ningún tema en el que la mente maestra de

---

[3] Cf. el comentario de Mark Noll y David Livingstone: "Aunque varias
de las posiciones de Warfield siguen ejerciendo una influencia
considerable entre los teólogos conservadores, la defensa del calvinismo,
que tanto se vislumbraba en su propia obra, recibe hoy mucha menos
atención". 'Introducción' en B. B. Warfield, *Evolution, Science, and Scripture:
Selected Writings*, editado por Mark A. Noll y David N. Livingstone (Grand
Rapids: Baker, 2000), 19.

[4] *Evolution, Science, and Scripture*, 17-18.

Warfield haya mostrado su profundidad y comprensión mejor que en el de la persona y la obra de Cristo".[5] Y, podríamos añadir nosotros, no hay ningún tema que sea más central para la ortodoxia cristiana que la cristología. Todos los grandes teólogos han luchado con la persona y la obra de Cristo, y los más grandes teólogos son los que han ofrecido las ideas más penetrantes precisamente en esta área de la doctrina. Por tanto, si queremos apreciar la contribución de Warfield a la Iglesia cristiana en toda su plenitud, debemos desarrollar cierta comprensión de su obra sobre Cristo.

Sin embargo, antes de examinar los escritos de Warfield sobre Cristo, es necesario hacer una o dos observaciones preliminares sobre la naturaleza ligeramente peculiar de su producción académica. Como esposo de una mujer inválida y confinada en casa, Warfield no disfrutó de la misma libertad con respecto a su carrera que es normal entre los académicos. Sus obligaciones domésticas significaron inevitablemente que, durante gran parte de su vida académica, no viajara mucho más allá de las fronteras de Princeton ni dispusiera del tiempo de investigación ininterrumpido necesario para la producción de pesados tomos.

Por ello, la gran mayoría de sus escritos son lo que podríamos llamar piezas ocasionales: artículos para revistas y enciclopedias, más que monografías sostenidas y extensas. Con esto no se pretende menospreciar su erudición ni su importancia, ni tampoco, en algunos casos, su extensión; pero sí indicar que el lector buscará en vano en sus libros el tipo de síntesis doctrinal clásica y global que se encuentra, por ejemplo, en el de su predecesor de Princeton, Charles Hodge. Warfield abordó temas

---

5 John Murray, *Collected Writings*, 4 vols (Edimburgo: Banner of Truth,1976-83), III, 359.

específicos de forma exhaustiva; no se dedicó a la cuidadosa
división y ordenación de los temas que exige el género de una
teología sistemática exhaustiva.

El resultado es que el lector interesado en la comprensión de
Cristo por parte de Warfield depende de los volúmenes de sus
obras que reúnen artículos y sermones más que de un único
tratado sistemático.

Teniendo en cuenta este hecho, me centraré sólo en un
pequeño número de sus piezas cristológicas, partiendo de la base
de que la diversidad de material sobre este tema en los escritos
de Warfield hace imposible hacer justicia a todas las facetas de
su obra en este ámbito. Lo que quiero destacar es el hecho de que,
para Warfield, Cristo era glorioso y la cristología era un tema
glorioso sobre el que reflexionar. Esto se debe simplemente a
que, para Warfield, Cristo es Dios manifestado en la carne, la
revelación suprema de Dios a la humanidad y el acto supremo del
amor de Dios hacia un mundo perdido y moribundo.

Warfield sobre la encarnación

No hace falta decir, por supuesto, que la cristología de Warfield
no intenta romper con la tradición clásica de la ortodoxia cuyo
marco básico fue establecido por la Iglesia primitiva en los
Concilios de Nicea y Calcedonia. Para él, Cristo es a la vez
plenamente divino y plenamente humano, y consta de estas dos
naturalezas, no mezcladas ni corrompidas, dentro de la única
persona, Jesús de Nazaret.

Al final de su artículo "La persona de Cristo según el Nuevo
Testamento", cita la definición calcedoniana en su totalidad,
describiéndola como "nada... sino una cuidadosa declaración en

forma sistemática de la enseñanza pura del Nuevo Testamento".[6]
De este modo, Warfield se sitúa conscientemente en la tradición
de la Iglesia que, en términos de formulación explícita, se
remonta al siglo III. Es, en el verdadero sentido de la palabra, un
teólogo católico.

Dados los recelos teológicos modernos sobre el lenguaje de
la sustancia y la persona como inadecuado o inapropiado para
discutir la identidad de Cristo, una serie de comentarios son
apropiados en este punto. Es, por supuesto, una obviedad que el
lenguaje de Calcedonia, de sustancia y persona, está ausente del
Nuevo Testamento, y, por supuesto, ningún defensor de la
definición calcedoniana lo niega.

El punto de vista de Warfield sobre la definición
calcedoniana es que funciona como una presuposición que hace
que la enseñanza de la Biblia sea comprensible como un todo
único y unificado. Para citarlo en este punto:

> Sólo asumiendo esta concepción [calcedoniana] de la persona
> de Nuestro Señor como subyacente y determinante de su
> presentación, se puede dar unidad a sus representaciones;
> mientras que, en esta suposición, todas sus representaciones
> caen en sus lugares como elementos de un todo consistente.[7]

Este es un punto importante que tiene una aplicación general que
va más allá de sus preocupaciones específicas. Para empezar,
señala la humanidad y la divinidad de Cristo como el único medio
de dar un sentido coherente a los relatos evangélicos de su vida.

---

[6] B. B. Warfield, *The Person and Work of Christ*, ed. Samuel G. Craig
(Philadelphia: Presbyterian and Reformed, 1950), 37-70. Samuel G. Craig
(Filadelfia: Presbyterian and Reformed, 1950), 37-70. La cita es de la
página 70.
[7] *Person and Work*, 58.

Por lo tanto, no se trata en primer lugar de un ejercicio de especulación metafísica, sino de un intento de pensar en los presupuestos necesarios sobre su persona que den sentido al relato histórico de sus acciones y enseñanzas que ofrecen los Evangelios. Se trata de un punto muy importante, sobre todo en una época en la que la diversidad teológica es una especie de palabra de moda entre los eruditos bíblicos.

La tendencia actual está, estoy seguro, íntimamente relacionada con la creciente especialización subdisciplinaria de la enseñanza superior, alimentada en gran parte por la revolución de la información; pero Warfield tiene sin duda razón al señalar la naturaleza presuposicional de nuestro enfoque teológico de la Biblia. Si nos acercamos a la Biblia sin un compromiso con la unidad de la revelación y la coherencia del testimonio bíblico en el nivel de la epistemología, entonces nos encontraremos inevitablemente sacando ciertas conclusiones de ello, como que el Dios del Antiguo Testamento no es el del Nuevo o que el camino de la salvación para Pablo no es el mismo que para Santiago. Tal vez no sorprenda que la definición calcedoniana sea puesta en duda por los teólogos en el preciso momento en que la unidad teológica fundamental de la Biblia es también objeto de un fuerte ataque.

Para Warfield, la idea de que Cristo es una persona en dos sustancias es una de las contrapartidas necesarias de su compromiso con la unidad de la enseñanza de las Escrituras: en otras palabras, debe ser cierta porque permite a la Iglesia dar sentido a la enseñanza bíblica sobre Cristo. La fórmula en sí misma no es inspirada como lo es la Biblia; no es, por tanto, sacrosanta; se puede ir al cielo sin haber oído hablar nunca de la definición; pero es, no obstante, un presupuesto necesario, implícito o no, para que el mensaje de la Biblia sobre Cristo se entienda correcta y completamente.

Muchos sabrán, por supuesto, que el siglo XX fue testigo de una guerra sostenida y vigorosa contra la definición calcedoniana por parte de los teólogos de la corriente principal. La crítica a Calcedonia no es nada nuevo: representó en su propia formulación el triunfo de un partido teológico sobre otro; y también dio lugar a una serie de cuestiones cristológicas adicionales que muchos teólogos llegaron a concluir que eran letales para su viabilidad como expresión de la enseñanza bíblica. Estas cuestiones tendían a centrarse en el supuesto fracaso del lenguaje de las dos naturalezas para hacer justicia a la unidad de la única persona.

Para decirlo sin rodeos, la fórmula ha sido considerada por muchos como lamentablemente inadecuada o altamente problemática cuando trata con asuntos como el conocimiento de Jesucristo y de sus sufrimientos terrenales. De hecho, a menudo se alega que la fórmula calcedoniana genera dificultades en estas cuestiones que no existirían si no se hubiera adoptado el lenguaje de dos naturalezas, una persona.

El trasfondo específico de esta crítica contra la que trabajaba Warfield era el de las escuelas liberales alemanas que, aunque diversas en muchos aspectos, trabajaban todas dentro de la trayectoria antimetafísica de la teología después de Kant. Como tal, sus ataques a la cristología de dos naturalezas están en interesante continuidad con los de un movimiento antimetafísico anterior dentro del protestantismo, el de los socinianos del siglo XVII.

Ambos grupos consideraban que la definición implicaba la infusión de la metafísica y la filosofía griegas en la discusión teológica, y por tanto veían el rechazo del lenguaje tradicional sobre la encarnación como parte del retorno a una teología más pura, más verdaderamente bíblica. El propio Warfield era muy consciente de ello.[8]

Históricamente, por supuesto, la definición calcedoniana fue formulada por la Iglesia en el contexto de la necesidad de enfatizar la unidad del Hijo con el Padre en términos de divinidad, y al mismo tiempo establecer su unidad con la humanidad en la Encarnación. Perder de vista la unidad de Cristo con el Padre impediría que Cristo fuera una revelación del Padre. Sin embargo, la comprensión de la encarnación también tenía que hacerse de manera que se evitara una mezcla de la divinidad y la humanidad. Tal mezcla habría producido un Cristo que no era ni divino ni humano en ningún sentido real.

La Iglesia tampoco podía definir a Cristo de una manera que condujera a una separación radical de las dos naturalezas, porque esto podría haber socavado la unidad y, por tanto, la identidad de Cristo como único mediador. Por ello, la fórmula final acordada en Calcedonia se consideró un magnífico acto de equilibrio que, aunque no satisfacía a todos los miembros de la Iglesia primitiva, en general se consideraba que había evitado los dos escollos letales antes señalados.

Tan importantes eran las verdades que esta fórmula expresaba para Warfield que él mismo iba a argumentar que la crisis actual de la teología y de la iglesia en su época estaba directamente relacionada con los diversos ataques a la definición calcedoniana. Tales ataques, declaró, eran simplemente ataques a la doctrina de la Encarnación en sí misma y, por tanto, a la

---

8 El propio Warfield aborda explícitamente esta cuestión en su artículo "The 'Two Natures' and Recent Christological Speculation" en *The Person and Work of Christ*, 211-62.

bisagra misma del cristianismo.[9] Sus críticos, por supuesto, no lo veían de la misma manera; consideraban que la fórmula, o al menos la forma en que la fórmula había sido generalmente entendida y utilizada, era inadecuada para la tarea para la que estaba destinada, la de hacer justicia al propio relato bíblico de Cristo.

Ahora bien, esos ataques adoptaron diversas formas, pero un patrón de crítica consistente, el de que la comprensión tradicional de la Encarnación impide hacer justicia a la humanidad de Cristo, encontró su expresión más clara en las variedades de la llamada cristología kenótica que prevalecían a finales del siglo XIX y principios del XX, y contra la que Warfield argumentó con cierto vigor.

Warfield sobre la kenosis

La teoría, o más bien las teorías, kenóticas de la Encarnación, con las que Warfield tuvo que tratar, habían surgido en el siglo XIX tanto en el contexto del ecumenismo reformado-luterano, donde se veía como un medio de superar las diferencias históricas entre las dos tradiciones en el ámbito de la cristología, y también como un medio de ofrecer soluciones potenciales a algunas de las cuestiones planteadas por la cristología de dos naturalezas.

El kenotismo, en sus líneas generales, es resumido por Louis Berkhof como sigue:

> La [Kenosis] señalaba la doctrina de que el Logos en la encarnación fue despojado de Su transitivo o de todos sus atributos, fue reducido a una mera potencialidad, y luego, en

---

[9] *The Person and Work of Christ*, p. 211.

unión con la naturaleza humana, se desarrolló de nuevo en una persona divino-humana.[10]

En otras palabras, la teoría kenótica fue la respuesta de ciertos teólogos a los problemas planteados por los relatos bíblicos de, por ejemplo, el crecimiento del conocimiento de Cristo, su aparente ignorancia de ciertas cosas y la finitud general de su existencia terrenal.

Mientras que la teología reformada clásica había superado estos problemas centrándose en el modo en que la comunicación de propiedades entre las naturalezas tenía lugar dentro de la única persona, los kenoticistas arraigaron la solución en el despojo por parte de la naturaleza divina de sus propiedades divinas en la unión hipostática de lo humano y lo divino dentro de la Encarnación. Hubo variedad entre los propios defensores de la cristología kenótica, y algunos llegaron a cuestionar la utilidad del lenguaje encarnado sobre Cristo, dada la naturaleza radical del autodespojo al que se somete el Hijo. Entre los nombres asociados a la teoría kenótica figuran Thomasius, Delitzsch, Gore y, algo más tarde, Forsyth y Mackintosh.

Antes de analizar la respuesta de Warfield, debemos dedicar un momento o dos a reflexionar sobre el atractivo de tales propuestas teológicas. A primera vista, la teoría kenótica ofrece una solución al gran misterio que rodea a la forma en que el Dios infinito puede venir a morar con la humanidad. En pocas palabras, se despoja voluntariamente de muchos de sus atributos divinos. Esto parecería ofrecer una solución conveniente a algunas de las cuestiones más complicadas que plantea la concepción tradicional, como por ejemplo, por qué Cristo parece

---

[10] Louis Berkhof, *Systematic Theology* (Edimburgo: Banner of Truth, 1958), 327.

ignorar cierta información, como el momento de su segunda venida. En realidad, no hace más que resolver una serie de cuestiones metafísicas a costa de crear otras nuevas, como la de si un Dios despojado de sus atributos sigue siendo significativamente "Dios" en algún sentido.

En segundo lugar, la teoría kenótica parece ofrecer una forma de subrayar importantes puntos teológicos como la dramática condescendencia divina que implica la misión del Hijo y la identificación de Dios con los hombres y mujeres en su humanidad. Estas son preocupaciones bíblicas centrales, y los kenoticistas consideraban que su formulación era mucho más capaz de hacerles justicia que la interpretación tradicional.

Sin embargo, los defensores de la ortodoxia nunca habrían considerado que su propia posición socavaba estos énfasis y habrían argumentado que el tipo de condescendencia e identidad propuesto por los kenoticistas no era, en última instancia, el que proponían los textos bíblicos.

Esto nos lleva al tercer punto: aunque el trasfondo teológico del kenotismo es indudablemente importante, la doctrina reclama su apoyo más significativo en la exégesis de Filipenses 2:7. A fin de cuentas, la doctrina se sostiene o cae por el hecho de que tiene sentido o es exigida por la enseñanza bíblica, y el pasaje clave en este contexto es el pasaje de Filipenses 2 que habla tan conmovedoramente de la condescendencia de Cristo en su misión en la tierra. Es aquí, por tanto, donde Warfield elige centrar sus argumentos contra la teoría kenótica.

La refutación de Warfield de tal posición tiene dos pilares principales. En primer lugar, argumenta que el verbo y el tiempo en Filipenses 2:6 que se refiere a que Cristo "es Dios" no indica un estado de cosas que fue cierto una vez y que ahora ha llegado a su fin, sino algo que sigue siendo el caso. Por lo tanto, el versículo no contiene ningún indicio de movimiento de la divinidad a la no-divinidad en el acto de la Encarnación.[11] De hecho, Warfield resume claramente esta posición de la siguiente manera:

Por lo tanto, Pablo está tan lejos de insinuar que Nuestro Señor dejó de lado Su Deidad al iniciar su vida en la tierra, que más bien afirma que conservó Su Deidad durante toda su vida en la tierra, y que en todo el curso de Su humillación, hasta la misma muerte, estuvo ejerciendo conscientemente su abnegación, viviendo una vida que no le pertenecía por naturaleza, que estaba de hecho en directa contradicción con la vida que era naturalmente suya.[12]

A partir de esta afirmación, pasa a discutir la palabra clave de Filipenses 2:7: *ekenōsen*. Esta palabra se traduce en la Versión Revisada como "se vació a sí mismo", una traducción que deja claramente abierta la gran posibilidad de una cristología kenótica. En la Encarnación, Cristo puede ser visto *vaciándose* de sus atributos de deidad, el mismo punto que la cristología kenótica busca establecer.

Warfield, sin embargo, rechaza esto como una mala traducción del verbo. Señala las otras cuatro apariciones del verbo en el Nuevo Testamento, indicando que, en cada caso, el verbo no se utiliza en un sentido literal u ontológico, sino en el sentido metafórico de "no tener en cuenta" o "mostrar nulo". Por lo tanto, el verbo aquí parecería requerir una traducción no tanto

---

[11] *The Person and Work of Christ*, 40-41.
[12] *The Person and Work of Christ*, 41.

de 'se vació a sí mismo' como de 'no se tuvo en cuenta'.[13] Warfield lo expresa de la siguiente manera:

> Pablo, en una palabra, no dice aquí más que nuestro Señor, quien no miró con ojos de codicia su estado de igualdad con Dios, se vació, si se perdona el lenguaje, de sí mismo; es decir, en precio acuerdo con la exhortación que fortalece su ejemplo, que no miró Sus propias cosas... Tomó la "forma de siervo", y así fue "hecho a semejanza de los hombres". Pero esto demuestra que no le dio demasiada cabida a su condición de igualdad con Dios, ni se consideró a sí mismo como el objeto suficiente de todos los esfuerzos. No se preocupaba por sí mismo: Se preocupaba por los demás. Así se convierte en nuestro ejemplo supremo de conducta de abnegación.[14]

Para Warfield, pues, la importancia del pasaje de Filipenses no radica tanto en lo que dice sobre la naturaleza de Cristo, como en lo que dice sobre cómo debemos responder a Cristo: en su Encarnación, en la humillación que sufre por nosotros y por nuestra salvación, es el ejemplo supremo de cómo debemos vernos a nosotros mismos y a nuestra condición de cristianos en relación con los demás. En otras palabras, el pasaje tiene como preocupación principal las consideraciones éticas; no es, en primer lugar, una declaración sobre la mecánica de la Encarnación con respecto a la relación entre las dos naturalezas.

Quizás sea importante en este punto recordar por qué es importante el rechazo del kenotismo en sus diversas formas. Para la mente no instruida en las implicaciones de ciertas controversias teológicas, la preocupación de Warfield por

---

13 *The Person and Work of Christ*, 42.
14 *The Person and Work of Christ*, 42-43.

rechazar la lectura kenótica de Filipenses 2:7 podría parecer una mera discusión sobre las palabras. De hecho, nada podría estar más lejos de la verdad. La teoría kenótica es peligrosamente vulnerable por varios motivos. En primer lugar, como se ha mostrado anteriormente, la base exegética de la noción es extremadamente escasa. En segundo lugar, la idea de que la segunda persona de la Trinidad pueda despojarse de sus atributos de deidad en la Encarnación plantea la seria cuestión de si se puede decir que Jesucristo de Nazaret es plenamente Dios de alguna manera significativa. Decir que es plenamente Dios pero que se ha despojado de sus atributos parecería requerir una comprensión de la deidad según la cual el ser y los atributos son decisivamente separables. Warfield no aborda esta cuestión precisamente en estos términos, pero de su concepción de la Encarnación como revelación se desprende claramente que es muy consciente de este tipo de problema.

Refiriéndose a la enseñanza de la Carta a los Colosenses, declara lo siguiente:

> El que mira a Jesucristo ve, sin duda, un cuerpo y un hombre; pero ve al hombre revestido del cuerpo, así que ve a Dios mismo, en toda la plenitud de su Deidad, revestido de la humanidad. Jesucristo es, pues, Dios "manifestado en la carne" (1 Tim. 3:16), y su aparición en la tierra es una "epifanía" (2 Tim. 1:10).[15]

Para Warfield, entonces, como para la teología cristiana en general, la Encarnación es la manifestación, la revelación de Dios, en la carne humana de Cristo. La gloria de Cristo es que es

---

[15] *The Person and Work of Christ*, 46.

Dios revelado en la carne, un punto que, argumentaré más adelante, Warfield desarrolla de manera profunda. Esto, por supuesto, requiere que la plenitud de Dios esté en Cristo, y esto, a su vez, golpea el corazón mismo de la teoría kenótica. En pocas palabras, un Dios despojado de sus atributos en una encarnación no es un Dios manifestado como Dios en la carne. Es un Dios manifestado como algo menos que Dios en la carne. Por lo tanto, tal encarnación no es una revelación adecuada de Dios. Este es uno de los hechos sorprendentes de Cristo: que en él se ve toda la plenitud de la divinidad habitando en forma corporal. Cualquier otra cosa destruye su gloria.

La teoría kenótica, por lo tanto, ofrece una comprensión inadecuada de lo que es la Encarnación y, por lo tanto, hace de la Encarnación una base totalmente inadecuada para cualquier conocimiento de Dios. Si la teoría está motivada por el deseo de preservar la unidad de la persona de Cristo, o su identificación con la humanidad, sólo lo hace al precio teológico incalculablemente alto de separar a Dios, tal como se manifiesta Él mismo, de Dios, tal como es en sí mismo. En otras palabras, la Encarnación ya no es una revelación.

Es en este punto donde debo dejar constancia de mi desacuerdo con los comentarios sobre Warfield realizados por John Murray en la reseña de *La persona y la obra de Cristo* (The Person and Work of Christ) que apareció originalmente en el *Westminster Theological Journal* y que se reproduce en el volumen tres de la *Colección de Escritos* (Collected Writings).[16] En esta reseña, Murray afirma ver una discrepancia entre el rechazo de Warfield al kenotismo en el artículo citado

---

[16] John Murray, *Collected Writings*, III, 358-61.

anteriormente y sus declaraciones en uno de los sermones anexos a los ensayos.

Ahora bien, antes de examinar el punto de vista de Murray, debemos señalar que él ve el conflicto no como un acto de autocontradicción, sino como el resultado de un cambio de opinión de Warfield: el artículo fue publicado en 1915, y Murray postula que el sermón es de una fecha anterior, representando por tanto una fase anterior en el pensamiento de Warfield. El sermón era ciertamente de procedencia anterior, ya que aparecía en el volumen de 1913 titulado *El Salvador* (The Saviour), que fue dedicado a la Facultad de Teología de la Universidad de Utrecht en agradecimiento por la concesión de un doctorado honorario en teología.[17]

No obstante, sostengo que no hay ninguna contradicción entre el sermón y el artículo, y que, por tanto, no es necesario imputar un cambio de opinión tácito a Warfield sobre esta cuestión.

Las dos declaraciones ofensivas de Warfield dicen lo siguiente:

Aunque tenía la forma de Dios, Cristo Jesús no consideró que su condición de igualdad con Dios fuera una posesión tan valiosa como para no poder desprenderse de ella, sino que más bien no se tuvo en cuenta a sí mismo.[18]

Y:

---

[17] *The Savior* ha sido reimpreso por Banner of Truth.
[18] El original se encuentra en *The Person and Work of Christ*, 570.

¿Se mantuvo Cristo en su derecho incuestionable de conservar su igualdad con Dios?[19]

De estas frases, Murray extrae la siguiente conclusión:

La implicación obvia... es que, en la estima de Warfield, Cristo se despojó de su igualdad con Dios.[20]

De ser así, esto revelaría que entre 1913 y 1915 se produjo un desarrollo muy significativo en la cristología de Warfield. De hecho, sería necesario que hubiera pasado de una posición kenótica a una posición ortodoxa clásica, y esto en sí mismo plantearía cuestiones fascinantes sobre las influencias que actuaron en él y los procesos de su pensamiento durante este tiempo. Sin embargo, hay varios factores que se oponen a ello y que, en mi opinión, demuestran de forma decisiva la continuidad de esta cuestión en sus escritos.

En primer lugar, un comentario general: debemos señalar que la teología de Warfield es, ante todo, una teología exegética; es decir, una teología que busca exponer la revelación bíblica y relacionar todas sus afirmaciones con esa revelación. Ahora bien, esto no quiere decir que su teología fuera simplemente el resultado de exponer los textos bíblicos en una especie de vacío sin presupuestos. En absoluto. Warfield llegó a las Escrituras con la presuposición de que el cristianismo ortodoxo, tal como se expresa en la forma específica de las confesiones históricas reformadas, era verdadero.

Sin embargo, decir que su teología es ante todo exegética es señalar que estaba dispuesto a correr riesgos con el lenguaje, por

---

[19] *The Person and Work of Christ*, 572.
[20] John Murray, *Collected Writings*, III, 360.

así decirlo, siempre que la elección del lenguaje estuviera permitida por las Escrituras. Así, en lo que respecta a la Encarnación, no estaba dispuesto a permitir que su compromiso con el tema neotestamentario de Cristo como Dios manifestado en la carne y como aquel en quien toda la plenitud de la Deidad habitaba en forma corporal, socavara los énfasis igualmente bíblicos. Mucho menos permitiría que la definición calcedoniana cobrara vida propia y restringiera lo que incluso la Biblia tiene que decir sobre la Encarnación.

Ahora bien, hay que tener cuidado con esto, sobre todo en la actualidad, ya que hoy en día se dicen muchas tonterías sobre las "tensiones" y las "paradojas" de la enseñanza bíblica que, aunque a veces son válidas, a menudo son una excusa para no luchar a fondo con la enseñanza bíblica. Lo que no quiero insinuar es que Warfield estuviera dispuesto a ofrecer una posición en la que Cristo se despojara y no se despojara de sus atributos divinos al mismo tiempo. Tal "paradoja" podría ser atractiva, pero en última instancia no tiene sentido. Más bien, quiero señalar que la cristología de Warfield estaba impulsada por la necesidad de dar sentido a los relatos bíblicos de la persona y la obra de Jesucristo de Nazaret.

El segundo punto a destacar, y el que cuenta decisivamente en contra de la interpretación de John Murray acerca de Warfield, es que precisamente el mismo lenguaje al que Murray se opuso en el sermón se utiliza en realidad en el artículo al que se refiere. Cito extensamente el pasaje correspondiente:

Su vida terrenal es... distintivamente representada como una humillación. Aunque incluso en la tierra es uno con el Padre, sin embargo "descendió" a la tierra; había salido del Padre y de Dios; había dejado atrás una gloria a la que aún debía volver, y su estancia en la tierra fue, por tanto, en esa medida, un oscurecimiento de su propia gloria. Había un sentido, pues, en el que, por haber "descendido", ya no era igual al Padre... debido a la humillación de su condición actual, y en la medida en que esta humillación implicaba la entrada en un estatus inferior al que le correspondía por naturaleza.[21]

Teniendo en cuenta todo lo que se ha dicho en este artículo, está claro que esta humillación no es un despojo de los atributos divinos en un sentido que de alguna manera separe a Cristo de Dios o lo haga menos que Dios en la Encarnación. Por el contrario, debe entenderse en línea con la ortodoxia reformada clásica sobre la Encarnación en términos de la subordinación funcional voluntaria del Hijo al Padre en la economía de la salvación, y de la asunción de la naturaleza humana, que implicó la exposición a limitaciones humanas como el hambre, la sed y el cansancio físico.

Si Warfield hubiera mostrado el mismo nerviosismo por el lenguaje de la humillación que los comentarios de John Murray traicionan, se podría argumentar que no hubiera podido mantenerse tan sólidamente dentro de la tradición reformada en esta cuestión, ni hubiera hecho posterior justicia a la enseñanza bíblica sobre la humanidad de Cristo y su relación con su naturaleza divina.

Esto nos lleva al siguiente punto que deseo señalar sobre Warfield, y es su utilidad como teólogo que reflexionó con gran profundidad sobre el significado de la humanidad de Cristo. Si rechazó las diversas teorías kenóticas por considerarlas inadecuadas, no fue a costa de restar importancia o marginar la humanidad de Cristo.

---

[21] *The Person and Work of Christ*, 61.

Por el contrario, destaca dentro de la tradición reformada como alguien que dedicó una cantidad excepcional de energía a reflexionar sobre la humanidad de Cristo, algo que sin duda derivó de su deseo de ser ante todo un teólogo exegético que deseaba hacer justicia a los relatos que hacen los Evangelios acerca de Cristo. Tal vez sea discutible que, en cuanto a los textos bíblicos, el protestantismo evangélico se haya centrado en gran medida en las cartas de Pablo y no tanto en los relatos históricos de los Evangelios.

Este tipo de cultura teológica puede dar a veces la impresión de que la muerte y la resurrección de Cristo son lo único significativo de su ministerio y, si somos sinceros, puede dejar a muchos creyentes sin saber por qué tenemos exactamente cuatro Evangelios, cuando las cartas de Pablo y el Evangelio de Juan parecen proporcionarnos toda la teología que necesitamos. Los Evangelios nos proporcionan algunas anécdotas conmovedoras, pero ¿son realmente importantes? Tal cultura, revela, creo, un fracaso para reflexionar adecuadamente sobre la humanidad de Cristo, y en este contexto, el trabajo de Warfield es muy instructivo.

La humanidad de Cristo

Es el motivo de la humillación señalado anteriormente, con su contrapartida de exaltación, el que es crucial para la comprensión reformada de la persona de Cristo. Por lo tanto, como cabría esperar, esto se encuentra en el corazón de la propia capacidad de Warfield para hacer plena justicia a la humanidad de Cristo. Se desarrolló dentro de la teología reformada como un medio de expresar la naturaleza dinámica de la vida de Cristo en la tierra y, por tanto, como una forma de expresar la importancia no sólo de su muerte y resurrección, sino de toda su vida como revelación de la gracia de Dios y como constitutiva del camino de la salvación.

Resumiendo la tradición reformada sobre esta cuestión, Louis Berkhof divide la humillación en dos componentes, el vaciamiento de sí mismo y luego la sujeción voluntaria a la ley, y en cinco etapas, encarnación, sufrimiento, muerte, sepultura y descenso a los infiernos. La exaltación de Cristo comienza así con la resurrección.[22]

La fuerza de esta estructura teológica radica tanto en su sensibilidad hacia el movimiento histórico implicado en la obra salvadora de Cristo, como en la conveniente forma en que permite poner un cuidadoso énfasis en el hecho de que Cristo es Dios *manifestado en la carne,* es decir, Dios hecho presente en la humanidad bajo las condiciones de espacio y tiempo.

Desde los primeros días de la iglesia cristiana, el ataque a la realidad de la humanidad de Cristo había sido una preocupación central. Varias de las primeras herejías mostraban tendencias docetistas, es decir, la idea de que la humanidad de Cristo era una mera apariencia, algo que simplemente "parecía" ser carne y huesos humanos reales.

La Iglesia respondió afirmando enérgicamente la realidad de la humanidad de Cristo y en una de las primeras declaraciones tradicionales de la fe cristiana, la llamada "Regla de Fe", se hizo mucho hincapié en la necesidad de mantener la realidad de la persona física e histórica de Cristo. De hecho, fue el padre de la iglesia primitiva, Gregorio de Nacianceno, quien planteó la cuestión con fuerza y claridad: lo que no se asumía no se redimía.

---

[22] Berkhof, 332.

La implicación es obvia: si Cristo no asumió la humanidad, entonces la humanidad no ha sido salvada.

Dicho todo esto, sospecho que muchos de nosotros nos sentimos probablemente mucho más cómodos y claros sobre las implicaciones de la divinidad de Cristo que sobre las de su humanidad. Incluso John Murray, al parecer, se sentía incómodo con el robusto lenguaje de Warfield respecto a la humillación de Cristo, y sin embargo, Warfield se situaba claramente dentro de la trayectoria de expresión que se desprende de las propias palabras de la Biblia y que la mayoría de la tradición reformada aprueba. Sin embargo, hay algo en este lenguaje contundente de humillación, de subordinación y de limitación que nos hace temer por la integridad de la divinidad de Cristo.

El tratamiento más brillante y extenso que Warfield da a la humanidad de Cristo es el notable ensayo, *La vida emocional de nuestro Señor* (The Emotional Life of Our Lord).[23] Warfield comienza el ensayo con un comentario que es muy directo y, sin embargo, absolutamente explosivo en sus implicaciones: "Pertenece a la verdad de la humanidad de nuestro Señor, que él estaba sujeto a todas las emociones humanas sin pecado".[24]

Tal comentario sirve como una advertencia inmediata a cualquiera que pueda despreciar la importancia del tema o rehuir la discusión en esta área por alguna falsa modestia. El argumento de Warfield es sencillo: la existencia de Cristo como ser humano significa que es plenamente humano en todo el sentido de la palabra; y eso significa que debemos entenderlo como un ser emocional, aunque sin pecado. Por implicación, hacer algo menos que eso ser culpable de un incipiente docetismo que amenaza la realidad misma de la Encarnación.

---

23 *The Person and Work of Christ*, 93-145.
24 *The Person and Work of Christ*, 93.

Quizás sea indicativo precisamente de esta tendencia en el pensamiento reformado (o, quizás, más caritativamente, de un celo por proteger la divinidad de Cristo) que haya muy poca reflexión sobre la vida emocional de Cristo dentro de la tradición. De hecho, este artículo de Warfield parece ser la única pieza sustancial dedicada exclusivamente a este tema disponible en la literatura. Louis Berkhof, aunque no es un gran teólogo constructivo, es sin embargo un excelente sintetizador de la tradición. Su *Teología Sistemática* (Systematic Theology) es, por tanto, una guía relativamente fiable de los énfasis y preocupaciones del pensamiento reformado.

Sobre esta cuestión de la vida emocional de Cristo, con la excepción de la inevitable breve sección sobre los sufrimientos de Cristo, no tiene nada que decir. Sin embargo, se trata de una laguna teológica muy grave: si Cristo es verdaderamente humano, entonces eso requiere que haya tenido una vida emocional; si los relatos bíblicos de Cristo son precisos, requieren que haya tenido una vida emocional; y si la fe reformada quiere pintar una imagen completa de Cristo, debe prestar la debida atención a este ámbito.

Warfield precede su análisis de las emociones de Cristo señalando que no podemos presuponer de antemano que todas las emociones atribuidas a Cristo deban atribuirse simplemente a su naturaleza humana. Warfield admite que éste puede ser el caso, pero no llega a decir que *deba* ser así. En su lugar, propone su ensayo simplemente como una aclaración de qué emociones son atribuidas por los relatos evangélicos a la persona de Cristo, con la esperanza de que otros desarrollen el argumento más allá (una esperanza que parece, por el momento, no haberse cumplido).[25]

---

25 *The Person and Work of Christ*, 94-96.

Las emociones que Warfield ve atribuidas a Cristo son las siguientes: compasión, amor, ira, dolor, alegría, angustia e indignación. Lo sorprendente de este planteamiento de Warfield es la forma en que ancla nuestra comprensión de estas emociones en un marco firmemente concreto. La abstracción ha sido una tentación constante para los teólogos a lo largo de los años, por la que un concepto concreto adquiere vida propia y llega a ejercer una influencia decisiva en la forma de entender la Biblia. Así, las nociones de ira o de amor se separan de su contexto en los materiales bíblicos, se distorsionan y luego se vuelven a leer en la Biblia de una manera que daña su mensaje.

Probablemente todos podemos pensar en ejemplos. La santidad es uno clásico, donde, muchas veces a lo largo de los siglos, se ha identificado con ciertas peculiaridades culturales en lugar de con la noción bíblica de devoción exclusiva o separación a un objeto particular.

Así, en la Edad Media, la santidad se identificó con un tipo particular de existencia contemplativa en el contexto de una vida célibe. Luego, en el protestantismo posterior, la santidad pasó a identificarse con la abstención de diversas cosas, ya sea el tabaco, el alcohol o el teatro. Ahora bien, no me malinterpreten: No estoy discutiendo ni a favor ni en contra de la idoneidad de estos ejemplos particulares; todo lo que quiero señalar es que la abstracción de conceptos como la santidad de su lugar en la narrativa bíblica conduce a una comprensión distorsionada y reduccionista de lo que significan estos términos.

El protestantismo fue, en sus inicios, una revuelta precisamente contra este tipo de abstracción teológica. En su famosa "teología de la cruz", Martín Lutero argumentó que el problema de la teología medieval era que había tomado las nociones de amor, poder y santidad del mundo que lo rodeaba y las había impuesto a la Biblia. Para Lutero, esto era simplemente idolatría. En contra de esto, Lutero argumentó que si queríamos saber cómo se aplicaban estos términos a Dios, teníamos que buscar donde Dios había revelado su significado. En otras palabras, si queremos saber cómo es Dios, entonces debemos mirar hacia donde Dios se ha revelado. Para Lutero, esta revelación fue en la cruz: así, el poder de Dios se reveló no en una fuerza sobrehumana, sino en su debilidad; su amor, haciéndose despreciar; y su santidad, siendo exteriormente maldecido y abandonado.

Ahora bien, muchos de nosotros dudaríamos hoy en día en ir hasta el final con la teología de la cruz de Lutero por una serie de razones; pero el principio básico es bueno y sólido, que Dios es quien se ha revelado a sí mismo y no quien necesariamente esperamos que sea. Es en este contexto donde el enfoque de Warfield sobre la vida emocional de Cristo es tan útil.

Tomemos, por ejemplo, la cuestión de la ira divina. Por supuesto, hoy en día hay muchos que desprecian la noción de la ira divina. Algunos lo hacen desde una actitud declaradamente liberal hacia el texto bíblico, en la que la ira de Dios se considera un reflejo de ciertas influencias culturales o psicológicas en los escritores y que no tiene ninguna referencia real a ningún Dios "de ahí afuera", por así decirlo.

Sin embargo, muchos de los que afirman tomarse en serio el texto bíblico dudan de que el lenguaje de la ira y la cólera deba tomarse en un sentido literal o personal, sino que debe verse como una referencia metafórica a los resultados impersonales, aunque desafortunados, del pecado. Así, si jugamos con fuego, inevitablemente nos quemamos; nada personal, por así decirlo, simplemente la consecuencia necesaria de ignorar las instrucciones del creador.

Me gustaría sugerir en este punto que un examen de la ira y el enojo en términos de cristología bien podría ofrecer una imagen bastante diferente de la ira divina. Permítanme citar un par de pasajes de Warfield. El primero se refiere a la limpieza del Templo:

Tal vez en ningún incidente registrado en los Evangelios se muestre más vívidamente la acción de la indignación de nuestro Señor que en los relatos de las limpiezas del Templo. Al concluir el relato que hace de la primera de ellas, Juan nos dice que "sus discípulos se acordaron de que estaba escrito: El celo por tu casa me consumirá" (Juan 2:17). La palabra empleada aquí, "celo", puede significar nada más que "ardor"; pero este ardor puede encenderse con una indignación abrasadora, leemos de un "celo de fuego que ha consumir a los adversarios" (Heb. 10:27). Y parece que es esta indignación abrasadora por la contaminación de la casa de Dios, este 'celo ardiente por la santidad de la casa de Dios', lo que esto implica en nuestro presente pasaje... La forma en que irrumpe aquí es la de la ira indignada contra los que profanan la casa de Dios con el comercio, y nos presenta así una de las manifestaciones más llamativas de la ira de Jesús.[26]

El punto más obvio a destacar sobre el comentario de Warfield es que él mismo ha recogido el punto más evidente del relato bíblico original: La ira o indignación de Cristo en este contexto es personal y activa. No estamos tratando aquí con el funcionamiento impersonal y mecánico de las leyes morales del

---

[26] *The Person and Work of Christ*, 121.

universo; no, estamos tratando con un Dios que está indignado por las acciones malvadas de algunas de sus criaturas, y que toma medidas positivas en respuesta a este pecado.

El estudio de las palabras, la exégesis inteligente de varios pasajes sobre la "ira" y la reflexión filosófica pueden utilizarse para intentar eludir la enseñanza tradicional de la Iglesia sobre la ira divina, pero la limpieza del Templo nos proporciona un incidente real que hace que tales maniobras sean poco convincentes. Aquí está Dios manifestado en carne y hueso expresando su ira contra los que compran y venden en la casa del Señor. Se trata de un verdadero enojo personal que se traduce en una acción personal real por parte de Cristo. Y al fin y al cabo, la teología cristiana no se basa en abstracciones metafísicas, sino en la revelación de Dios.

Es aquí donde el enfoque de Warfield sobre Cristo como totalmente encarnado, y por lo tanto como un ser emocional, es tan útil en la lucha por la ortodoxia bíblica porque toma la noción de la ira de Dios y la convierte en una categoría personal, vinculándola a la acción de una persona real en la historia espacio-temporal.

Sin embargo, para que esto no se vea como una imagen de Dios dura e inflexible, aunque personal y activa, vale la pena citar un segundo pasaje del artículo de Warfield, esta vez centrado en el enojo de Cristo fuera de la tumba de Lázaro:

La furia inextinguible se apodera de él... Es la muerte el objeto de su ira, y detrás de la muerte aquel que tiene el poder de la muerte, y a quien ha venido al mundo a destruir. Las lágrimas de compasión pueden llenar sus ojos, pero esto es incidental. Su alma está sujeta por la rabia: y avanza hacia la tumba, en palabras de Calvino de nuevo, 'como un campeón que se prepara para el conflicto'. La resurrección de Lázaro se convierte así, no en una maravilla aislada, sino (como de hecho se presenta a lo largo de toda la narración) en una instancia decisiva y un símbolo abierto de la conquista de la muerte y el infierno por parte de Jesús. Lo que Juan hace para nosotros en esta declaración particular es descubrirnos el corazón de Jesús, mientras gana para nosotros nuestra salvación. No con una fría despreocupación, sino con una ira ardiente contra el enemigo, Jesús golpea en nuestro favor. No sólo nos ha salvado de los males que nos oprimen; ha sentido por nosotros y con nosotros en nuestra opresión, y bajo el impulso de estos sentimientos ha realizado nuestra redención.[27]

El pasaje es realmente poderoso, ya que permite a Warfield poner de manifiesto la ira y la furia que Cristo siente al enfrentarse a la atroz paga del pecado, y nos permite ver que la salvación no es simplemente un concepto metafísico abstracto, sino que llega al corazón mismo del ser de Dios. La salvación es el resultado de la compasión de Dios por los pecadores y de su ira por el impacto del pecado. Al igual que limpió el Templo de los que habían convertido la casa de Dios en un mercado, lucha contra el pecado como aquello que ha estropeado su creación y la ha convertido en una pesadilla, y lo hace con una ira y una furia propias del Señor del universo.

El drama de estos dos incidentes pone de manifiesto la naturaleza de la ira de Dios contra el pecado de una manera mucho más rica y sorprendente que cualquier discurso abstracto sobre la ira de Dios; y la preocupación de Warfield por hacer justicia al hecho de la Encarnación, a Cristo como Dios

---

[27] *The Person and Work of Christ,*117.

manifestado en la carne, le permite poner de manifiesto esta verdad con fuerza.

Si el mundo evangélico puede parecer a menudo polarizado entre una actitud hacia la ira de Dios que prácticamente descarta la idea y otra que la hace tan abrumadora e impresionante que parece imposible de conciliar con cualquier noción significativa del amor de Dios, entonces yo sugeriría que una mayor reflexión sobre las líneas establecidas por Warfield en su discusión de las emociones de Cristo bien podría dar un fruto significativo.

Se puede ofrecer un último ejemplo para ayudar a reforzar este punto: Los comentarios de Warfield sobre el llanto compasivo de Cristo sobre Jerusalén. Este es precisamente el tipo de texto en el que cabría esperar que un teólogo abordara las espinosas cuestiones de la relación entre las naturalezas divina y humana de Cristo; pero Warfield no lo hace, prefiriendo ver el pasaje no como un problema para la cristología, sino como una profunda revelación del corazón de Dios tal como se manifestó en Cristo. Escuche lo que dice:

> Podemos... colocar el fuerte lamento por Jerusalén y el profundo suspiro por la decidida oposición de los fariseos, como muestras del profundo dolor que provocó el corazón compasivo de nuestro Señor, por aquellos cuyo persistente rechazo a él requirió de sus manos su más severa reprobación. Él 'suspiró desde el fondo de su corazón' cuando declaró: 'No se dará ninguna señal a esta generación'; se lamentó en voz alta cuando anunció: 'Vendrán días en que tus enemigos te estrellarán contra el suelo'. A Jesús le dolió entregar a los pecadores empedernidos a su perdición. Le dolió a Jesús,

porque la característica principal de Jesús era el amor, y el amor es el fundamento de la compasión.[28]

Aquí vemos de nuevo a Warfield utilizando el relato histórico de Jesucristo de Nazaret para aportar profundidad y sustancia a un atributo divino, a saber, el de la compasión. Podríamos pasar horas discutiendo la definición de compasión, elaborando lo que puede o no puede implicar, pero aquí, al ir directamente a un acto concreto de la persona real, Jesucristo de Nazaret, la gloria completa de la compasión de Dios por la humanidad se pone de manifiesto de forma sobrecogedora. Aquí vemos a Dios llorando por los perdidos; aquí vemos a Dios entristecido por la situación de la humanidad pecadora; aquí vemos el corazón de Dios roto por la obstinación de un mundo que se ha vuelto malo.

Esto nos devuelve, por supuesto, al problema de la cristología kenótica. Si Dios se despoja de sus atributos en la encarnación, si tenemos en Jesús de Nazaret a Dios reducido y oculto en la carne, en lugar de manifestarse en la carne, entonces estos actos de Cristo no nos dan realmente una idea de la psicología y los pensamientos de Dios.

La ira podría ser el resultado de que Dios se ha desprendido de su capacidad de controlarse a sí mismo; el llanto ante la tumba de Lázaro podría ser la respuesta conmocionada de alguien que no era consciente de la enormidad del pecado y de la magnitud de la tarea a la que se enfrentaba; y el llanto por Jerusalén podrían decir más sobre la impotencia autoimpuesta de Cristo ante el pecado que sobre su compasión profundamente arraigada incluso por los pecadores más endurecidos. Sólo su firme compromiso con la cristología de Calcedonia y su negativa a seguir el seductor pero en última instancia autodestructivo camino del kenotismo

---

[28] *The Person and Work of Christ,* 101.

permiten a Warfield extraer toda la riqueza del retrato de Cristo en el Nuevo Testamento.

Concluyo esta sección con un pasaje de otro ensayo de Warfield que pone de manifiesto este punto:

El Jesús del Nuevo Testamento no es fundamentalmente un hombre, por más que esté dotado de un don divino: es Dios tabernaculizando por un tiempo entre los hombres, con el cielo que yace sobre Él no sólo en su infancia, sino durante todos los días de su carne.[29]

Construyendo sobre el fundamento

¿Adónde conduce, entonces, toda esta teología bastante abstracta y sofisticada? ¿Cuál es, en lenguaje moderno, el valor efectivo de lo que Warfield tiene que decir? Hay muchos puntos que podría hacer aquí, pero termino con sólo dos.

En primer lugar, Warfield muestra claramente que un compromiso, un verdadero y reflexivo compromiso, con la comprensión tradicional de Cristo como Dios manifestado en la carne debería hacer que toda nuestra teología, y por tanto toda nuestra vida, estuviera centrada en Cristo. Al comprender que Cristo no es simplemente un instrumento por el que Dios logra sus propósitos salvíficos, sino que es él mismo Dios manifestado en la carne, una revelación del ser más profundo e íntimo de Dios mismo, entonces nuestro conocimiento de quién es Dios y de cómo piensa debería revolucionarse.

Con demasiada frecuencia, sospecho, pensamos en Dios en términos abstractos; con demasiada frecuencia lo reducimos

---

[29] *Works*, III, 163.

quizás a un conjunto de leyes o a un principio impersonal que controla el universo. Pero él no es así. Es personal y tiene sentimientos de amor hacia sus criaturas y de ira hacia el pecado. No se trata de rechazar las nociones ortodoxas de su inmutabilidad; se trata simplemente de sacar a relucir la revelación de Dios en Cristo.

Los predicadores no deben tener miedo de enseñar a su pueblo que Dios es personal con sentimientos, porque descuidar esto es descuidar una parte central de la propia enseñanza de la Biblia y negar el valor revelador de la Encarnación. Como declara el propio Warfield:

> Tenemos un Dios que es capaz de sacrificarse por nosotros. Aunque tenía la forma de Dios, Cristo Jesús no consideró que su condición de igualdad con Dios fuera una posesión tan valiosa como para no poder desprenderse de ella, sino que no se consideró a sí mismo. Fue nuestro Dios quien nos amó tanto que se entregó por nosotros. Ahora bien, esto es algo maravilloso. Los hombres nos dicen que Dios es, por la misma necesidad de su naturaleza, incapaz de pasión, incapaz de ser movido por inducciones de fuera; que habita en santa calma y en inmutable beatitud, sin ser tocado por los sufrimientos humanos o las penas...[30]

La segunda aplicación es el valor de la Encarnación como modelo de servicio. El mundo reformado de hoy es un mundo de luchas de poder, en el que las facciones compiten entre sí por el control de las instituciones, los púlpitos y las imprentas. Sin embargo, Warfield nos llama de nuevo a la Encarnación como un ejemplo que socava todo nuestro mezquino orgullo y nuestras

---

[30] *The Saviour*, 261-62.

maquinaciones. Dado que Cristo es Dios manifestado en la carne, estamos, dice Warfield, llamados a imitarle.

Ahora bien, está claro que esta imitación no es absoluta: Cristo es único en cuanto a que es Dios; nosotros, como meros humanos y sólo humanos, no podemos imitar la Encarnación en el sentido más profundo de la palabra. Pero la condescendencia de la Encarnación, la abnegación, el amor, el sacrificio, la voluntad de entregarse en beneficio del otro, son elementos que se nos manda imitar.

Es en esta abnegación donde el cristiano se encuentra viviendo la verdadera vida cristiana, y quizás sea apropiado que cerremos esta conferencia permitiendo que Warfield vuelva a hablar por sí mismo. Su ética no es un moralismo estéril; más bien, es una ética que surge como un mandato de su comprensión de Cristo como Dios encarnado, se manifiesta en el amor a los demás y vuelve a Cristo como la respuesta agradecida de la humanidad redimida al Dios que salva:

> Sólo cuando recorramos humildemente este camino, buscando verdaderamente en él no lo nuestro, sino lo de los demás, encontraremos verdadera la promesa de que el que pierda su vida la encontrará. Sólo cuando, como Cristo, y en obediencia amorosa a su llamada y a su ejemplo, no nos tomamos en cuenta a nosotros mismos, sino que nos entregamos gratuitamente a los demás, encontraremos, cada uno en su medida, que también es verdad el dicho: 'Por lo cual también Dios lo exaltó hasta lo sumo'. El camino de la abnegación es el camino de la gloria.[31]

---

[31] *The Saviour*, 270.

CAPÍTULO 6: ¿ES LA INTERPRETACIÓN TEOLÓGICA FINLANDESA UN NUEVO COMIENZO?: UNA EVALUACIÓN CRÍTICA DE LA LECTURA DE LUTERO OFRECIDA POR EL CÍRCULO DE HELSINKI

Introducción

La colección de ensayos de 1998 sobre la perspectiva finlandesa de Lutero, editada por Carl Braaten y Robert Jenson, es tanto una fascinante contribución a los debates ecuménicos modernos como un interesante desafío a las interpretaciones aceptadas de la teología de Lutero.[*] Muchas de las cuestiones planteadas son extremadamente complejas y un breve artículo como éste no puede aspirar a hacer mucho más que ofrecer algunos comentarios y críticas de pasada sobre el conjunto.[1] El contexto de la colección es el diálogo ecuménico entre la Iglesia Evangélica Luterana de Finlandia y la Iglesia Ortodoxa Rusa.[2] Aunque hay que tener cuidado de no dar demasiada importancia a este contexto en cuanto a los resultados de la investigación, no cabe duda de que determina los contornos del debate en el que participan los protagonistas.

Tuomo Mannermaa y sus colegas del "Círculo de Helsinki" están claramente impulsados por el deseo de encontrar en los escritos de Lutero más potencial ecuménico con referencia a las relaciones luterano-ortodoxas de lo que normalmente se ha supuesto. Que la investigación de los finlandeses ha dado justamente ese fruto, y que es significativa precisamente porque es pragmáticamente tan útil para las relaciones ecuménicas, es confirmado con gran y absoluto entusiasmo por Robert Jenson en su propia respuesta al trabajo del grupo.[3]

---

[*] Este capítulo apareció originalmente como artículo en el *Westminster Theological Journal* (volumen 65, 2003). Agradezco al profesor Timothy Wengert, del Seminario Teológico Luterano de Filadelfia, por haber leído y comentado un borrador anterior de este artículo; también a mi asistente de investigación, el Sr. Brandon Withrow, por haber localizado varios elementos relevantes de la literatura secundaria.

[1] Carl E. Braaten y Robert W. Jenson, *Union with Christ: the New Finnish Interpretation of Luther* (Grand Rapids: Eerdmans, 1998).

[2] Tuomo Mannermaa, 'Why is Luther So Fascinating? Modern Finnish Luther Research', *Union with Christ*, 1-20, esp. 1.

[3] "No puedo responder a la ponencia de Tuomo Mannermaa de la manera habitual: expresando primero mi aprecio y luego registrando mis reservas. Mi interés en Lutero no es el de un *Lutherforscher*, sino el de un

Sin pretender avalar todo el entusiasmo que rodea al Círculo de Helsinki, quisiera señalar de entrada una serie de observaciones en las que este grupo hace puntos sumamente válidos y, por lo tanto, hace una contribución útil al campo más amplio de la interpretación de Lutero. Creo que los escritores nos prestan un gran servicio en la afirmación central de que las lecturas modernas de Lutero han sido distorsionadas por el uso de una cuadrícula antiontológica provista por las trayectorias postkantianas de la teología liberal alemana. El trabajo de quienes están bajo la influencia de Ritschl y Holl es objeto de una crítica oportuna y necesaria. Para un historiador, es obvio que Lutero está operando dentro de un marco intelectual formado por las escuelas medievales tardías; el tipo de pensamiento antimetafísico propuesto por Kant y los que vinieron después de él es simplemente inapropiado como marco para leer los propios escritos de Lutero.

Además, el tipo de lectura existencialista ofrecida por Ebeling es igualmente perjudicial por no comprender la importancia que tiene para Lutero no sólo la fuerza del lenguaje sino también el contenido propositivo del mismo. En la medida en que estos excesos de interpretación sólo pueden corregirse reconociendo que la visión del mundo de Lutero no era la de un postkantiano, la interpretación finlandesa se erige como un correctivo necesario.[4]

teólogo sistemático y ecumenista. Como sistemático, he descubierto que puedo hacer muy poco con Lutero tal y como se interpreta habitualmente". "Response to Tuomo Mannermaa, 'Why is Luther so fascinating?'" *Union with Christ*, 21-24, 21.
    [4] Véase Albrecht Ritschl, *Die christliche Lehre von der Rechtfertigung und Versöhnung*, 3 vols. (Bonn: A. Marcus, 1882-83); Karl Holl, *Luther* in *Gesammelte Aufsätze Kirchengeschichte* 1 (Tübingen: Mohr, 1927); Gerhard Ebeling, *Luther: an Introduction to his Thought* (Philadelphia: Fortress, 1970). Para una defensa reciente de la interpretación kantiana de

El Círculo de Helsinki

Sin embargo, aun reconociendo los beneficios positivos de encontrar en los escritos de Lutero un potencial ecuménico hasta ahora no aprovechado, es necesario abordar una serie de cuestiones antes de poder decir con confianza y certeza que esta investigación de Helsinki representa un enriquecimiento significativo del panorama teológico. Quizá la cuestión más obvia sea la de la naturaleza de las opiniones de quienes contribuyen a este volumen.

Con una única excepción, los que responden a los finlandeses son totalmente entusiastas en lo que un cínico podría considerar como una manera sospechosamente acrítica. La colección habría sido seguramente mucho más sólida si hubiera habido más debate, más disensión y si se hubieran planteado más preguntas difíciles y, con fortuna, se hubieran respondido.[5]

En segundo lugar, está la cuestión obvia del uso de los escritos de un hombre como base para un diálogo ecuménico fructífero. Por un lado, es cierto que Lutero ocupa una posición peculiar dentro de la comunión luterana de una manera que ningún teólogo individual lo hace dentro de las tradiciones reformada, católica u ortodoxa. No sólo ha sido una figura icónica y un punto de encuentro para la identidad del grupo casi

---

Lutero frente al existencialismo de Ebeling, véase James M. Stayer, *Martin Luther, German Saviour: German Evangelical Theological Factions and the Interpretation of Luther*, 1917-1933 (Montreal: McGill- Queen's, 2000).
[5] La única voz discrepante es la de Dennis Bielfeldt, "Response to Sammeli Juntunen, 'Luther and Metaphysics'", *Union with Christ*, 161-66.

desde el principio, sino que sus escritos también tienen un peso confesional oficial.[6] De hecho, *La Fórmula de la Concordia* no sólo otorga un estatus confesional oficial a sus Catecismos Mayor y Menor, sino que también encomienda a la Iglesia todos sus demás escritos, aunque en sujeción crítica a la palabra de Dios.[7] Por lo tanto, es ciertamente legítimo explorar estos escritos como de cierta relevancia ecuménica. Por otra parte, los problemas metodológicos que conlleva tal tarea son, como mínimo, absolutamente desalentadores.

Lutero vivió una larga vida y escribió una gran cantidad de textos en una amplia variedad de géneros y contextos; además, su pensamiento experimentó un considerable desarrollo a lo largo del tiempo. El historiador intelectual se enfrenta, pues, a un amplio abanico de cuestiones metodológicas preliminares, tales como: ¿qué textos privilegiamos en nuestra búsqueda de la voz del Lutero "auténtico"? ¿Hasta qué punto imponemos una coherencia en el pensamiento de Lutero, o al menos en su desarrollo a lo largo del tiempo, que nos permita sintetizar ideas en textos que están muy separados por el contexto cronológico y/o genérico?

Una vez que uno se desplaza más allá de los límites o trayectorias interpretativas establecidas por los documentos plasmados en *el Libro de la Concordia* (The Book of Concord), o, como hacen los colaboradores aquí, uno asume que existe una

---

[6] Sobre la influencia icónica de Lutero en el luteranismo, véase el estimulante estudio de Robert Kolb, *Martin Luther as Prophet, Teacher, and Hero: Images of the Reformer, 1520-1620* (Grand Rapids: Baker, 1999).

[7] Véase Robert Kolb y Timothy Wengert (editores), *The Book of Concord: the Confessions of the Evangelical Lutheran Church* (Minneapolis: Fortress Press, 2000), 528-29. El material confesional también contiene en todo momento referencias explícitas y repetidas a Lutero y sus escritos.

disyunción básica entre la voz del Lutero auténtico y la voz de la comunidad confesional luterana, tal como ésta se expresa públicamente en los documentos clave del credo, uno no puede evitar estas agudas cuestiones hermenéuticas ni sorprenderse especialmente cuando otros hacen acusaciones de lectura selectiva de los textos, proyeccionismo y eiségesis.[8] En tercer lugar, y más sustancialmente, está la cuestión de la exactitud histórica de la imagen de Lutero presentada. Como historiador, mi primera pregunta sobre esta colección no es si la nueva perspectiva ofrecida es *útil* para el diálogo ecuménico (eso es obvio por la propia colección) sino si esta nueva perspectiva representa de hecho una interpretación justa y adecuada de lo que el propio Lutero creía realmente.

Ahora bien, soy consciente de que la verdad sistemática de una afirmación teológica no depende en última instancia de quién, humanamente hablando, la hace. El hecho de que Lutero diga "tal y tal cosa" es significativo; después de todo, sus escritos se mencionan en el Libro de la Concordia como de importante peso teológico para la confesión pública de la fe de la Iglesia.

Sin embargo, al centrarse tanto en la utilidad de esta imagen finlandesa de Lutero como en su exactitud histórica, los colaboradores de este volumen parecen querer tener su pastel y comérselo al mismo tiempo. Una posición teológica sistemática que se apoya en gran medida en una lectura particular de la historia como parte de su argumento básico puede (de hecho,

---

[8] Sobre los diversos problemas que rodean la interpretación de las ideas en el contexto histórico, estoy en deuda con los escritos metodológicos de Quentin Skinner. Sobre las cuestiones de continuidad, coherencia y anacronismo, véase en particular la versión revisada de su clásico ensayo, "Meaning and Understanding in the History of Ideas," en Quentin Skinner, *Visions of Politics I: Regarding Method* (Cambridge: Cambridge UP, 2002), 57-89.

seguramente debe) ser legítimamente llamada a rendir cuentas en relación con la historiografía sobre la que, en parte, es construida y que forma una parte importante de la fuerza retórica de los argumentos. Este es el peso del ensayo de la única voz discrepante en el volumen, la de Dennis Bielfeldt, que considera que los finlandeses realizan una importante eiségesis teológica antihistórica para hacer que un Lutero del siglo XVI encaje en un encuentro ecuménico del siglo XX con la ortodoxia.

Por lo tanto, es desconcertante que al menos un crítico haya señalado esta nota de escepticismo histórico como una "crítica académica desgastada". ¿De verdad? Entonces, ¿por qué los colaboradores hacen tanto hincapié en la validez histórica de su lectura de Lutero? Si bien la acusación de proyeccionismo anacrónico es, en efecto, un arma de doble filo, que puede volver a cortar a quien la esgrime, los sistemáticos que pretenden construir grandes castillos sobre los cimientos establecidos por figuras históricas deben aceptar que los historiadores tienen al menos el derecho de esperar que puedan justificar su comprensión de estos cimientos con referencia a los cánones aceptados de la historia y la interpretación histórica.[9]

Es en el frente histórico donde este volumen no puntúa tan alto como en el de la construcción sistemática. Aunque el uso de Ritschl y Holl como oponentes clave es legítimo, dada su enorme influencia tanto teológica como historiográfica a finales del siglo XIX y principios del XX, el trabajo más reciente y altamente

[9] Michael Plekon, reseña en *St Vladimir's Theological Quarterly 44* (2000), 109-12. Otras reseñas son: Mason Beecroft y J. Scott Horrell, *Bibliotheca Sacra 157 (2000)*, 250-51; Ted Dorman, *First Things 98* (diciembre 1999), 49-53; S M Hutchens, *Touchstone 13.6* (2000), 41-46; Andriy Honcharuk, *Logia 9* (2000), 45-47; James M. Kittelson, *Dialog 38* (1999), 235-37.

influyente de Heiko Oberman está totalmente ausente en la discusión.[10] Esto no es una crítica incidental ni irrelevante; de hecho, la omisión es poco menos que asombrosa.

El tipo de método histórico promovido por Oberman, por su alumno, David Steinmetz, y por aquellos que siguen su estela, como Timothy Wengert, ha subrayado la necesidad de situar las acciones teológicas de Lutero dentro de los contextos sincrónico y diacrónico a fin de comprender exactamente qué intenciones, teológicas o de otro tipo, se expresan en un texto determinado, y por qué se expresan de la manera en que lo hacen.[11] No es de extrañar, por tanto, que al reseñar el volumen que nos ocupa, Wengert en particular haya sido brutal en sus críticas a la falta de sensibilidad histórica y a los fallos en la comprensión del contexto más amplio que los autores exhiben sistemáticamente.[12]

---

[10] Véase Heiko A. Oberman, *Luther: Man between God and Devil*, ET E. Walliser-Schwarzbart (New Haven: Yale UP, 1989); también los ensayos sobre Lutero en los siguientes, *The Dawn of the Reformation* (Edimburgo: T. and T. Clark, 1992); *The Reformation: Roots and Ramifications (Edimburgo: T.* and T. Clark, 1994); y *The Impact of the Reformation* (Grand Rapids: Eerdmans, 1994).

[11] Véase David C. Steinmetz, *Luther in Context* (Grand Rapids: Baker, 1995); Timothy J. Wengert, *Law and Gospel: Philip Melanchthon's Debate with John Agricola of Eisleben over Poenitentia* (Grand Rapids: Baker, 1997); ídem, Human Freedom, *Christian Righteousness: Philip Melanchthon's Exegetical Dispute with Erasmus of Rotterdam* (Nueva York: Oxford University Press, 1998).

[12] Véase su reseña en *Theology Today* 56 (1999), 432-34: "Este volumen presenta a los lectores una perspectiva que no es nueva ni, en última instancia, pertinente para el corazón de la teología de Lutero. Tampoco es, como se presume en el prefacio, radical. Más bien representa un debate con ciertos aspectos de la teología "alemana". Ignora las principales escuelas de interpretación de Lutero... Se pasa por alto el hecho de que los luteranos han estado debatiendo la cuestión de la justificación entre ellos desde el siglo XVI... Aquí se ve lo que sucede cuando las agendas ecuménicas modernas y el pietismo anticuado se convierten en los principales lentes a través de los cuales se ve una figura histórica".

La unión con Cristo en el esquema soteriológico de Lutero

Quizás debamos tomar aquí varios ejemplos. En primer lugar, una de las afirmaciones centrales de la colección es que la unión con Cristo es la clave de la comprensión de la salvación por parte de Lutero, y que esta unión es algo real y ontológico que conduce a una transformación del creyente similar a la noción ortodoxa de theosis.[13] De ser cierta, esta afirmación aleja el pensamiento de Lutero de la formulación confesional de la justificación, con su énfasis excesivo en las categorías declarativas y forenses y su transformación (según afirman muchos opositores) de todo el asunto en una ficción legal.[14]

La afirmación puede desglosarse en dos partes: primero, que el lenguaje de Lutero, o la forma de expresar la salvación, difiere en cierta medida del material confesional; y, segundo, que esta diferencia representa una discontinuidad básica de la sustancia teológica. Como tal, esto va mucho más allá de la ambición más modesta (y, en mi opinión, legítima) de demostrar la naturaleza distorsionada de las lecturas postkantianas de Lutero; sirve para atenuar o incluso cortar la conexión de Lutero con la iglesia luterana en uno, si no *el*, punto central de la confesión de esa comunión, a saber, la cuestión de la justificación.

Aquí cabe hacer algunos comentarios. En primer lugar, no cabe duda de que en, por ejemplo, *La libertad del hombre cristiano* (The Freedom of the Christian Man), la analogía

[13] Por ejemplo, Mannermaa, "Why is Luther so Fascinating?", 9-12; también su segundo ensayo, "Justification and *Theosis* in Lutheran-Orthodox Perspective", *Union with Christ*, 25-41.
[14] Por ejemplo, *The Formula of Concord*, capítulo 3 en Kolb y Wengert, 562-63.

preferida de Lutero para la justificación no es tanto la sala de justicia como la unión matrimonial de los novios. Si bien es cierto que la analogía implica una cierta dimensión legal (por ejemplo, el "alegre intercambio" de bienes que tiene lugar dentro del matrimonio se produce en parte por el marco legal que define la unión), no debemos exagerar esto.

La unión con Cristo es indiscutiblemente parte del enfoque de Lutero sobre la justificación, y esto tiene una variedad de raíces y connotaciones, no todas ellas de ninguna manera legales.[15] Reconocer esto, sin embargo, no es conceder el caso a los finlandeses. Al fin y al cabo, el significado de "unión con Cristo" no es un dato universal. La unión matrimonial, la unión legal, la unión ontológica, todas ofrecen modelos de comprensión de la idea que pueden diferir de manera significativa.

Por lo tanto, el caso finlandés no se basa tanto en la idea de que la unión con Cristo es central en la articulación de la justificación de Lutero, sino más bien en el uso de un lenguaje realista para describir la unión y sus efectos. Mannermaa, por ejemplo, insiste en discutir la unión con Cristo utilizando el lenguaje de la "participación en Dios", fraseología que, por supuesto, trae consigo una gran cantidad de carga teológica que puede o no ser apropiada para Lutero. Así, afirma:

> El núcleo del concepto de participación de Lutero se expresa en la noción del "feliz intercambio", según el cual Cristo toma sobre sí la persona pecadora del ser humano y otorga su propia persona justa a la humanidad. Lo que tiene lugar aquí entre Cristo y el creyente es una comunicación de atributos o

---

15 Véase el ensayo de Oberman, *"Simul Gemitus et Raptus:* Luther and Mysticism", en ídem, *The Dawn of the Reformation,* 126-54.

propiedades: Cristo, la justicia divina, la verdad, la paz, la alegría, el amor, el poder y la vida, se entrega al creyente.[16]

Lo desconcertante de esta afirmación en particular es que la referencia proporcionada para demostrar que hay una absorción "real" de la justicia de Cristo por parte del creyente y del pecado y la muerte por parte de Cristo es un pasaje de las conferencias de Lutero sobre Romanos de los años 1515-1516, que trata de Romanos 7:18.

En primer lugar, se trata de una obra bastante temprana en la que se basa un importante argumento sobre la comprensión de Lutero de la justificación y la salvación. Si, en aras de la argumentación, permitimos que el "avance de la Reforma" se haya producido en esta época (y yo mismo rechazo tal afirmación), es evidente que hay un enorme desarrollo intelectual entre 1516 y 1520, por no hablar de 1535, cuando se publica el gran comentario sobre Gálatas. Incluso si el texto dice lo que Mannermaa afirma (y ese es un punto que discutiré más adelante), uno se pregunta cuál es el valor histórico, teológico o ecuménico último de tal afirmación.

Al fin y al cabo, el papel de la humildad en esta obra es crucial para la comprensión de Lutero acerca de la salvación en este punto, pero muy pronto se abandonará en favor de un enfoque único en la fe. Un uso similar del Lutero anterior a la Reforma se da en otros dos ensayos. El ensayo de Juntunen sobre metafísica y ontología depende en gran medida del Lutero de mediados de la segunda década del siglo XVI; y Peura utiliza la *Dictata super Psalterium* de 1513-1516 para construir gran parte de los cimientos de sus argumentos sobre el favor y el don, y basa los argumentos cruciales sobre la theosis en esta obra.

---

[16] "Justification and *Theosis*", 32

De hecho, el título de su ensayo se refiere a "la comprensión de Lutero sobre la justificación" en singular, lo cual, dado el uso de material de ambos lados de la línea divisoria de la Reforma sobre la justificación, sugiere inmediatamente una sobrearmonización sistemática del Lutero temprano y el Lutero posterior que no hace justicia a la historia de su desarrollo intelectual en el tiempo.[17]

Además, la relación específica entre el uso sistemático contemporáneo de los escritos de Lutero y la comprensión histórica del desarrollo de su pensamiento se manifiesta de forma particularmente aguda cuando los finlandeses utilizan estas obras tempranas, anteriores a la Reforma o de transición, como fuentes para la teología normativa de Lutero; es, por lo menos, muy decepcionante que Mannermaa, Juntunen y Peura nunca aborden el tipo de cuestiones incómodas de interpretación histórica que plantea dicho uso.

Sin embargo, volviendo a la cita de Mannermaa del comentario de Romanos, cuando se lee en el contexto en el que ocurre el pasaje, Lutero no está discutiendo aquí el intercambio gozoso de pecados y justicia, como afirma Mannermaa, sino más bien la realidad paradójica del creyente como hombre viejo y nuevo a la vez; de hecho, el pasaje no contiene ninguna referencia o discusión explícita de la unión entre el creyente y Cristo y simplemente no es relevante para el argumento que Mannermaa está tratando de hacer.

En este pasaje, Lutero establece una analogía entre el creyente como viejo y nuevo hombre, y la naturaleza paradójica

---

[17] Simo Peura, "Christ as Favor and Gift (*donum*): The Challenge of Luther's Understanding of Justification," en *Union with Christ*, 42-69, esp. 50-51. Ni Peura, ni ninguno de los otros colaboradores, comparan el uso que hace Lutero de la terminología de favor y don con el uso teológico o exegético contemporáneo de estos términos.

de la cristología; sin embargo, la comparación es explícitamente analógica y de ninguna manera pretende ser una explicación definitiva de la naturaleza de la unión con Cristo o de la justificación. Utilizar el pasaje para argumentar a favor de una unión realista en el contexto de la justificación es totalmente ilegítimo, y representa una clara apropiación y aplicación errónea del pasaje.[18] Este enfoque poco riguroso del contexto de determinadas declaraciones de Lutero no es un hecho aislado en los ensayos de este volumen.[19]

El caso finlandés de la unión real no se basa, por supuesto, únicamente en este pasaje mal interpretado. Mannermaa utiliza la noción de "participación" como medio para desentrañar la teología de la enseñanza de Lutero sobre la salvación desde sus primeros escritos hasta las obras maduras de la década de 1530.[20]

Si bien, a primera vista, esto parece dar unidad a los escritos que tradicionalmente se han considerado anteriores a la Reforma o de transición y a los que se han considerado de la Reforma, sin embargo, plantea algunas preguntas cruciales: ¿qué significa exactamente esta "participación" o qué resulta de ella? ¿Y en el pensamiento de Lutero la participación desempeña el papel

---

[18] Véase WA 56, 343, 16-21 (el texto citado por Mannermaa). Quizá valga la pena señalar que, a medida que avanza el pasaje, se refiere a la unidad producida por la relación sexual, pero subraya que dicha unidad es "figurativa", un término algo menos que ontológico: WA 56, 26-28.

[19] Véanse los comentarios de Wengert: "En innumerables ocasiones, el presente revisor también se encontró con pasajes de Lutero arrancados de sus contextos históricos y exegéticos para servir a mayores fines ecuménicos... En resumen, este libro ayudará a los lectores a saber qué piensan los teólogos finlandeses de su propia tradición". *Theology Today*, 434.

[20] "Justification and *Theosis*", 25. Véase también el intercambio en *Lutherjahrbuch* 66 (1999): Tuomo Mannermaa, "Glaube, Bildung, und Gemeinschaft bei Luther", 167-96; Eric W. Gritsch, "Response to Tuomo Mannermaa", 197-206; y Karl-Heinz zur Mühlen, "Korreferat zu Tuomo Mannermaa", 207-18.

central que los finlandeses le atribuyen? En este sentido, podemos observar el tratamiento que hace Mannermaa de una obra posterior: al analizar la importancia de Cristo como "don", Mannermaa cita un pasaje del Comentario a Gálatas (Commentary on Galatians) de 1535 en el que se afirma que la presencia de Cristo en el corazón del creyente como un don es lo que hace al cristiano más grande que el mundo. Luego lee este pasaje como una revelación de "cuán real (de hecho, *ontológicamente* real [mi énfasis]) supone Lutero que es la presencia del "don", es decir, de Cristo".[21]

Yo respondería a esta lectura de varias maneras. Para empezar, el autor no hace ningún intento de rastrear el significado de la palabra "don" en el contexto teológico y exegético más amplio en el que trabaja Lutero, algo que debería ser básico para cualquier exégesis cuidadosa de su significado en este punto; la palabra tiene una importante historia exegética y teológica, y es utilizada después de todo tanto por Erasmo como por Melanchthon (individuos cuya obra es apenas incidental a la del propio Lutero) y elegida por sus connotaciones más amplias; por lo tanto, no es simplemente un neologismo o un cubo vacío en el que Lutero puede verter cualquier contenido que desee. Sin embargo, el lector de este volumen busca en vano cualquier discusión que pueda ayudar a contextualizar y aclarar el uso que Lutero hace de esta terminología.

En segundo lugar, incluso aislado del contexto lingüístico y teológico más amplio, el pasaje tal y como se presenta no apunta evidentemente hacia una lectura ontológica, al menos no una que tienda en la dirección de una noción ortodoxa de theosis. Todo lo que dice el pasaje es que los creyentes que tienen a Cristo como

---

[21] "Justification and *Theosis*", 33. La cita es de WA 40.1, 235, 26-236, 16.

don por la fe en sus corazones tienen conciencias que se vuelven libres de todas las leyes y no están sujetas a nada. Y esto, después de todo, es central en los conceptos luteranos de justificación forense, donde Dios, el juez, declara al individuo inocente *in foro conscientiae* [en la corte de la consciencia]. Para averiguar lo que Lutero está diciendo realmente aquí, es útil mirar el prefacio del comentario, donde hace una serie de distinciones teológicas cruciales que sirven para proporcionar un marco para entender el argumento del conjunto.[22] Se trata de una doble comprensión de la justicia y la correspondiente comprensión de dos reinos de la realidad en la que debe vivir el creyente.

La interpretación de la justicia pasiva y activa

En cuanto a la doble justicia, Lutero distingue entre la pasiva y la activa. La pasiva es la que, literalmente, no hace nada y, por lo tanto, recibe a Cristo sólo por la fe; en este contexto, el lenguaje de la justicia debe entenderse del reino celestial, no del terrenal; si no fuera así, la distinción absoluta que hace Lutero entre lo celestial y lo terrenal carecería de sentido.[23]

Podríamos añadir que éste es también el marco dentro del cual debe entenderse la discusión posterior en el comentario sobre la naturaleza de la justificación y la justicia. Lo que es absolutamente crucial es el hecho de que la justicia activa, la que implica al creyente en la realización de buenas obras y en el trato

---

[22] Para el prefacio, véase WA 40.1, 39-52. Esto es crucial para resumir el marco teológico dentro del cual Lutero entiende la enseñanza de la carta.
[23] "Haec est nostra theologia qua docemus accurate distinguere has duas iustitias, activam et passivam, ne confundantur mores et fides, opera et gratia, politia et religio". WA 40.1, 45, 24-26.

con el reino terrenal, es radicalmente mediocre y no proporciona ninguna base para la relación entre el creyente y Dios.

Además, depende totalmente de la justicia celestial, lógicamente anterior, que es realmente de Cristo y sólo del creyente por imputación a través de la fe, como se explica en el propio comentario.[24]

El prefacio de Lutero deja muy claro que estas distinciones proporcionan el gran marco para su comprensión de la enseñanza de Gálatas sobre la justificación y que confundir los dos tipos de justicia implica una confusión básica de los dos ámbitos y constituye un error de categoría básico y fundamental. Es, como mínimo, extremadamente sorprendente que Mannermaa no intente situar la enseñanza que encuentra sobre la justicia en el texto principal del *Comentario a Gálatas* (Commentary on Galatians) dentro del marco teológico más amplio expuesto en el prefacio.

La distinción entre los dos reinos y la distinción entre lo activo y lo pasivo hacen que la enseñanza de Lutero en el *Comentario a Gálatas sea* tan clara; y el hecho de que los colaboradores del volumen finlandés no hayan puesto de manifiesto su importancia y que no los hayan utilizado como lo

24 "Nos vero quasi duos mundos constituimus, unum coelestem, alterum terrenum. In illos collocamus has duas iustitias disiunctas et inter se maxime distantes. Iustitia legis est terrena, de terrenis agit, per hanc facimus bona opera. Sed sicut terra non profert fructus, nisi prius irrigata et foecundata e coelo (Terra enim non potest iudicare, renovare et regere coelum, sed econtra coelum iudicat, renovat, regit, et foecundat terram, ut faciat quod Dominus iussit), ita per iustitiam legis multa faciendo nihil facimus et implendo legem non implemus, nisi prius sine nostro opere et merito iustifi cati simus per iustitiam christianam nihil pertinentem ad iustitiam legis seu ad iustitiam terrenam et activam. Ista autem est iustitia coelestis et passiva quam non habemus, sed e coelo accipimus, non facimus, sed fi de apprehendimus, per quam ascendimus supra omnes leges et opera". WA 40.1, 46, 19-30.

hizo Lutero, como marco para entender la relación entre la justicia de Cristo y la nuestra, es uno de los principales defectos de esta colección.

La pregunta obvia es: si la participación en Cristo de una manera similar a la theosis es tan crucial para Lutero, ¿por qué no hay una discusión prolegómena importante de esto en el prefacio a Gálatas, y por qué hay tanta discusión de estas otras distinciones?

Dado esto, el hecho de que Lutero utilice un lenguaje dramáticamente realista para describir la presencia de Cristo en varios puntos del comentario no requiere de ninguna manera una lectura ontológica a la ortodoxa. De hecho, sabemos por otras partes de los escritos de Lutero que incluso la presencia real de Cristo no requiere tal comprensión: tomemos, por ejemplo, la Cena del Señor, donde Lutero subraya la presencia real de Cristo, pero donde hay un profundo sentido en el que la presencia en los elementos deja la sustancia de esos elementos sin cambios: siguen siendo pan y vino incluso cuando Cristo está real y sacramentalmente unido a ellos; de hecho, todo el punto es que la presencia real de Cristo en los elementos no lleva a nada que se acerque a una divinización del pan y el vino.

Por lo tanto, pasar de un lenguaje que habla de la presencia real de Cristo por la fe en el creyente a una comprensión de la salvación basada en alguna noción de divinización transformadora o theosis es un salto nada despreciable y debe establecerse sobre la base de una lectura contextual de dicho lenguaje en el contexto más estrecho de los textos de Lutero en los que se produce y el contexto teológico e histórico más amplio de la propia vida y obra de Lutero.

Si se puede objetar, en primer lugar, la lectura descontextualizada de la noción de don, y, en segundo lugar, la

184 ESCRITOS CRÍTICOS SOBRE EL EVANGELICALISMO

imputación de un significado ontológico al pasaje donde no es necesario, mi tercera objeción es que el pasaje ocurre en el corazón de una sección que trata precisamente de la imputación. En el párrafo anterior, se define al cristiano no como alguien que no siente ningún pecado, sino como alguien a quien Dios no le imputa el pecado a causa de la fe en Cristo y a quien se le imputa la justicia de Cristo, como base para la justificación y para la vida cristiana posterior.[25] Luego, los párrafos siguientes dejan claro que el tipo de justicia que posee el creyente por la fe en Cristo es absolutamente discontinuo con cualquier noción de justicia justificativa intrínseca, congruente o apropiada.[26] Describir la presencia de Cristo utilizando terminología ontológica quizás no sea incorrecto, ya que Cristo está realmente presente para Lutero; pero es algo confuso, ya que esta presencia ontológica se entiende específicamente en términos de sus efectos con referencia a la imputación y la declaración, no en primer lugar de la deificación.

Una vez más, si se hubieran observado las importantes distinciones entre justicia activa y pasiva y reinos terrenales y celestiales, el significado de Lutero habría sido claro. Además, como argumentaré más adelante, el papel de los dos reinos, las dos justicias y la imputación aquí seguramente significa que el tipo de disyuntiva entre Lutero y las confesiones luteranas sobre este tema, si es que existe, es realmente muy pequeña.

---

[25] "Definimus ergo hunc esse Christianum, non qui non habet aut non sentit peccatum, sed cui illud a Deo propter fidem in Christum non imputatur. Ista doctrina affert firmum consolationem consientiis in veris pavoribus. Ideoque non frustra tam saepe et tanta diligentia inculcamus remissionem peccatorum et imputationem iustitiae propter Christum" WA 40.1, 235, 15-19.
[26] WA 40.1, 236, 17-238, 19.

Por supuesto, el Círculo Finlandés bien podría responder que la imputación, al igual que la unión con Cristo, no es un hecho y puede tener una variedad de significados que permitiría que las diferencias significativas entre, por ejemplo, Lutero y Melanchthon, quedaran ocultas u oscurecidas por aparentes similitudes verbales.

Sin embargo, vale la pena señalar que la evidencia histórica apunta claramente hacia una identidad sustancial entre los dos hombres en esta cuestión, a pesar de los intentos, ya desde la Reforma, y más recientemente y de manera más notable por parte de Holl y sus seguidores, de abrir una brecha sustancial entre ellos en la cuestión de la justificación.

En un importante artículo de Timothy Wengert se ofrece un útil resumen de la relación entre Lutero y Melanchthon, teológica y de otro tipo, y la historia de la interpretación de esa relación por parte de estudiosos posteriores.[27] En él, señala la dependencia de Lutero con respecto a Melanchthon en numerosas cuestiones; pero, lo que es más significativo para el Círculo Finlandés, también llama la atención sobre una carta crucial de Melanchthon a Johannes Brenz, fechada el 12 de mayo de 1531.[28]

En esta carta, Melanchthon expone su concepción forense (*in foro conscientiae*) de la justificación en contraste con el argumento de Brenz de que la esencia de la doctrina es la obra transformadora o renovadora del Espíritu Santo. En contraste con esto, Melanchthon enfatiza característicamente la promesa en Cristo como la base para una buena conciencia ante Dios.[29]

---

[27] "Melanchthon and Luther/Luther and Melanchthon", *Lutherjahrbuch* 66 (1999): 55-88.
[28] *WA Br* 6, 98-101.
[29] *WA Br* 6, 100, 25-29, 38-40.

Significativamente, Lutero agrega una posdata a la carta en la que, si bien ofrece un énfasis diferente al de Melanchthon, uno que se centra directamente en Cristo y no en la promesa, sin embargo plantea el mismo punto, afirmando implícitamente la posición de su colega, aunque expresándose en términos ligeramente diferentes. El lenguaje es diferente, los énfasis son diferentes, pero en ningún momento Lutero insinúa siquiera una tensión real entre su punto de vista y el de Melanchthon.[30]

Por lo tanto, está claro que aquellos que desean abrir una brecha decisiva entre Lutero y Melanchthon, o entre una supuesta visión pura acerca de la justificación como la sostenida por Lutero y una supuesta perversión forense posterior de la doctrina, tienen algunos textos históricos muy difíciles de tratar.

Mi desafío a los finlandeses es: por supuesto, la *imputación* puede entenderse de diversas maneras; pero, dado que el propio Lutero parece no haber tenido nunca un problema importante con la interpretación de Melanchthon, *¿Con qué base podemos leer legítimamente en el uso de Lutero de palabras como "imputación" cualquier significado que lo ponga en verdadero desacuerdo con su colega más joven?*[31]

---

[30] WA Br 6, 100, 49-101. Las observaciones iniciales de Lutero son particularmente claras (49-55): "Et ego soleo, mi Brenti, ut hanc melius capiam, sic imaginary, quasi nulla sit in corde meo qualitas, quae fides vel charitas vocetur, sed in loco ipsorum pono Iesum Christum, et dico: Haec est iustitia mea, ipse est qualitas et formalis (ut vocant) iustitia mea, ut sic me liberem et expediam ab intuitu legis et operum, imo et ab intuitu obiectivi illius Christi, qui vel doctor vel donator intelligitur. Sed volo ipsum mihi esse donum vel doctrinam per se, ut omnia in ipso habeam". Claramente, Lutero ve su explicación como una forma alternativa de expresar la misma doctrina que ofrece Melanchthon.

[31] Cf. la actitud apreciativa del propio Lutero hacia la exégesis de Romanos de Melanchthon: *WA TR* 1, 139, 2-4; también Wengert, "Melanchthon and Luther", 65-66.

En este volumen, hay muchas afirmaciones contundentes de que existe una disyunción entre Lutero y Melanchthon (y las corrientes confesionales posteriores), y no pocas insinuaciones sutiles en el mismo sentido; pero la discusión crítica de los textos cruciales que podrían probar o refutar tal caso sólo brilla por su total ausencia.

También se podría añadir en este punto que, incluso en el Wittenberg de la época de Lutero, la verdad teológica no era exclusiva de un solo hombre que actuaba como fuente única, sino que con frecuencia era el resultado del debate, la disputa pública, incluso las conversaciones en torno a una buena cerveza alemana, y la típica cooperación entre colegas.

De hecho, parece básico para el caso finlandés que sea posible aislar la pura "teología de Lutero" de las corrientes teológicas más amplias de Wittenberg, que se remontaban a la Edad Media y a los primeros Padres, bebían profundamente en los pozos del humanismo renacentista, interactuaban con oponentes contemporáneos más amplios de la derecha y la izquierda, y avanzaban hasta las codificaciones confesionales que culminaron en el Libro de la Concordia. Tal posición es, francamente, absurda, y no tiene ningún valor académico para los historiadores de la época.

En otra parte del artículo, Mannermaa procede a citar otros pasajes del *Comentario a Gálatas* (Commentary on Galatians), subrayando de nuevo la centralidad de la unión con Cristo y argumentando de nuevo que estos indican una fuerte comprensión ontológica de la salvación que divide a Lutero del luteranismo posterior debido a su negativa a separar la justificación y la santificación.[32] Esta afirmación es muy

---

[32] "Justification and *Theosis*", 36-39.

188 ESCRITOS CRÍTICOS SOBRE EL EVANGELICALISMO

problemática. Está bastante claro que Lutero trabaja con una clara distinción entre la justificación y lo que podríamos llamar de forma un tanto anacrónica santificación en el *Comentario*. Por ejemplo, de forma explícita, Lutero hace de la imputación y de la posesión del creyente de la justicia perfecta presente ante Dios la base para la posterior realización de buenas obras. No hay aquí ninguna confusión entre la justificación y lo que más tarde se llamaría santificación; de hecho, las dos se distinguen claramente y la una está teológicamente subordinada a la otra, aunque se consideran inseparables.

El hecho de que Lutero no plasme esta distinción en un vocabulario conceptual específico no tiene en sí mismo ninguna importancia dogmática sustancial, ya que es un lugar común lingüístico que la posesión de un concepto no depende en absoluto de la posesión de una palabra específica para ese concepto.[33]

Cuando comparamos todo esto con el material confesional, nada de lo que dice Lutero en el *Comentario a Gálatas* (Commentary on Galatians) lo pone en desacuerdo con la enseñanza de la Confesión de Augsburgo, donde la justificación es claramente el resultado de que Dios considere justo al creyente sobre la base de la fe.[34]

Entonces, la nueva obediencia se ve como un flujo directo de esta justificación previa, mientras que se distingue cuidadosamente de ser una base, o una parte constitutiva, de la justicia ante Dios.[35] No hay nada "ontológico" en ningún sentido

---

[33] Véase WA 40.1, 233, 25-234, 23. Mannermaa está a punto de admitir el carácter esencialmente verbal de la diferencia en un momento dado, pero no permite que esto perturbe su interpretación dogmática: véase "Justification and *Theosis*", 38.

[34] Artículo 4: Sobre la justificación; Kolb y Wengert, 38-41.

[35] Artículo 5: Sobre la nueva obediencia; Kolb y Wengert, 40-41

ortodoxo oriental de la theosis en todo esto y, considerando que la Confesión de Augsburgo fue compuesta durante la vida de Lutero y gozó de su pleno apoyo, no esperaríamos, por supuesto, encontrar una discontinuidad importante entre el pensamiento de Lutero y el de la trayectoria confesional en este punto. Además, parece haber poca diferencia de fondo entre la Confesión de Augsburgo en estos puntos y la Fórmula de la Concordia. Es cierto que el lenguaje de la Fórmula es más estridente, más polémico, pero esto es explicable en términos del cambio de la situación eclesiástica que requería precisamente esa agudización del lenguaje y de las definiciones para mantener la trayectoria legítima del pensamiento articulado por Lutero en el *Comentario a Gálatas* (Commentary on Galatians) y convertido en norma en la Confesión de Augsburgo.

Esta interpretación es totalmente adecuada y no requiere plantear una discontinuidad o brecha fundamental en la tradición, que aparentemente Lutero no notó pero que otros enfoques consideran necesaria.[36] Además, se podría añadir que todas estas declaraciones confesionales presuponen precisamente los mismos conceptos de las dos justicias y los dos reinos que encontramos en el prefacio del *Comentario a Gálatas* (Commentary on Galatians) pero que no encontramos en el volumen finlandés.[37]

---

[36] También podríamos añadir aquí los Artículos de Esmalcalda, redactados por el propio Lutero en 1537 e incorporados posteriormente al Libro de la Concordia. Una vez más, estos artículos no contienen ni un indicio de la exposición de una ontología específica o de la theosis como parte de la justificación.

[37] Véase la Fórmula de la Concordia, capítulos 3 y 4; Kolb y Wengert, 494-500; también la introducción histórica, ibíd., 481-85. Sobre el desarrollo del protestantismo confesional en general, véase Peter A. Lillback, "Confessional Subscription Among Sixteenth Century Reformers", en David W. Hall (ed.), *The Practice of Confessional Subscription* (Lanham:

Conclusión

Este documento ha sido necesariamente corto, y muchas de las cuestiones planteadas por el volumen finlandés no se han tocado. Sin embargo, puedo resumir mis críticas preliminares de la siguiente manera:

1. El volumen finlandés, aunque hace muy bien construyendo sus argumentos sobre textos históricos, no tiene en cuenta las principales corrientes y metodologías de los estudiosos modernos de Lutero. La ausencia de referencias al trabajo de Oberman, Steinmetz y compañía, con su franco y legítimo énfasis en la necesidad de leer las obras de Lutero en el contexto de las tradiciones exegéticas y teológicas con las que se relacionan, deja al volumen muy débil desde el punto de vista historiográfico. Las ideas de justicia, don y favor no se originan en el vacío, y la comprensión de sus antecedentes históricos, intelectuales y exegéticos debe formar parte necesaria de la comprensión de cómo y por qué Lutero las utiliza o no.

2. Los autores plantean cuestiones muy legítimas sobre el marco hermenéutico impuesto a las obras de Lutero por las corrientes kantianas y postkantianas de los estudiosos de Lutero. Sin embargo, no plantean el problema igualmente apremiante de cómo debe leerse el propio canon de Lutero, y no abordan la cuestión de importancia crucial del desarrollo histórico, etc., dentro del propio cuerpo de la obra de Lutero.

UPA, 1995); sobre las controversias específicas que llevaron a una agudización de los debates teológicos en torno al papel de las obras en la tradición luterana durante la vida del propio Lutero, véase Wengert, *Law and Gospel, passim.*

Así, las citas de obras anteriores a la Reforma y de la Reforma se yuxtaponen y sintetizan de manera recurrente, lo que plantea un gran número de preguntas sobre la validez del método empleado y las afirmaciones teológicas que se hacen. Se podría añadir aquí que la prácticamente presupuesta disyunción entre Lutero y la corriente confesional (una afirmación polémica en sí misma) sirve simplemente para exacerbar esto como una cuestión metodológica.

3. El examen de textos cruciales en el artículo de Mannermaa sobre la theosis revela un patrón inquietante de lectura descontextualizada; y el énfasis en la participación, combinado con el fracaso en todo el volumen para captar el significado de las dos justicias y los dos reinos como elementos básicos de la comprensión de Lutero de la vida cristiana, deja a este lector al menos insatisfecho de que se haya hecho realmente justicia al contenido teológico original de los textos primarios.

4. La disyuntiva que se impulsa entre Lutero y la trayectoria confesional parece requerir un distanciamiento de Lutero no sólo de la Fórmula de la Concordia sino también de la Confesión de Augsburgo. Esto parece poco plausible, dada la postura de Lutero frente a la Confesión de Augsburgo y, ciertamente, la evidencia extraída del *Comentario a Gálatas* (Commentary on Galatians) de 1535 apunta exactamente en la dirección opuesta a la que se pretende.

Si, como parecen querer hacer los finlandeses, se desea argumentar la hipótesis intrínsecamente improbable de que la teología de Lutero está más cerca de la de Gregorio Palamas que de las confesiones compuestas durante su propia vida por colegas de Wittenberg comprometidos exactamente con los mismos debates, discusiones y proyectos teológicos que Lutero, y con los que parece haber estado bastante satisfecho, entonces la carga de la prueba *debe* recaer en los revisionistas y no en los estudiosos de la Reforma.

¿Por qué deberíamos sentirnos obligados a reinventar la rueda cuando todavía no se ha demostrado que el diseño tradicional tiene graves defectos? De hecho, hay numerosas ocasiones en este volumen en las que las referencias a las conferencias sobre Romanos y a los *Dictata* me llevaron a preguntarme si los finlandeses están realmente oponiendo un Lutero anterior a la Reforma a un Lutero de la Reforma. De ser así, no han hecho más que demostrar lo que todos sabíamos desde el principio: que Lutero cambia de opinión de manera significativa en algunas cuestiones muy importantes.

Por supuesto, podrían afirmar que Lutero no cambió significativamente de opinión entre 1513 y 1531; pero entonces, lamentablemente (al menos para ellos), tendrían que enfrentarse no sólo a una gran cantidad de estudios secundarios cuidadosamente anotados, minuciosamente documentados y rigurosamente argumentados, que refutan tal idea (y que sólo brillan por su ausencia en este volumen), sino incluso a las propias palabras y acciones del propio Lutero.

Esto nos lleva de nuevo al problema con el que empecé: ¿qué pasa si Lutero en sus primeros años escribe cosas que contradicen las confesiones? Ni siquiera en el luteranismo estos escritos tienen el estatus que se otorga a las obras maduras y al material más estrictamente confesional de la iglesia.

Un ecumenismo eclesiástico construido sobre una lectura selectiva de todo el corpus de Lutero parece condenado a lograr muy poco en términos de acercamiento teológico real. Construir un caso sistemático sobre una lectura de Lutero que se opone a los cánones más básicos del método histórico (leer los textos en su contexto, no aislar las citas de manera que se subvierta su significado) puede resultar atractivo para las mentes más posmodernas, pero no debería tener cabida en la mesa del ecumenismo razonado y del diálogo interconfesional honesto y genuino.

SEGUNDA PARTE: GOLPES CORTOS Y BRUSCOS

CAPÍTULO 1: LA IMPORTANCIA DE LAS CREENCIAS EVANGÉLICAS

Quizá la cuestión más importante a la que se enfrentan los evangélicos en este momento se refiere a la importancia de las creencias evangélicas —las proposiciones a las que nos adherimos— en el gran esquema teológico. ¿Son sólo un reflejo de nuestras propias aspiraciones religiosas? ¿Son simplemente una forma de expresar una verdad religiosa que, de hecho, puede expresarse de diferentes maneras? ¿O son de la esencia de la fe, hasta el punto de que la negación de ciertas creencias es suficiente para dejar a uno fuera de los límites del cristianismo histórico y bíblico?

La pregunta es aún más apremiante, dadas las imperiosas exigencias del mundo posmoderno y pluralista en el que a menudo se nos dice que todos vivimos ahora. Para los que estamos comprometidos con la defensa de las enseñanzas de la base doctrinal de la *Universities and Colleges Christian Fellowship* (UCCF) [Fraternidad Cristiana de Universidades y

Escuelas Superiores], y ello de forma coherente con la tradición de entendimiento personificada en los grandes credos cristianos, la cuestión de la importancia de las creencias es, cabe esperar, inevitable.

Uno de los libros más importantes sobre esta cuestión es anterior a toda la temática posmoderna, pero todavía tiene mucho que decirnos hoy. Se trata del pequeño volumen escrito por J. Gresham Machen en 1923 titulado *Cristianismo y Liberalismo* (Christianity and Liberalism). El libro, de apenas 189 páginas (incluyendo el índice) en la edición de Eerdmans que tengo en mi estantería, es un apasionado y contundente alegato a favor del cristianismo histórico frente a la teología liberal que Machen veía que se cobraba un precio muy alto en la vida y el pensamiento de la iglesia de su época.

En el caso de Machen, hay dos puntos fundamentales. En primer lugar, el cristianismo se basa en hechos reales e históricos, y cuando, por ejemplo, la Biblia habla de la resurrección de Cristo, habla de algo que realmente le ocurrió al Dios encarnado en el espacio y en el tiempo, y no de algo que es simplemente un reflejo metafórico de la experiencia religiosa de la Iglesia primitiva sobre "el Cristo", sea lo que sea que ese término simbolice.

En segundo lugar, la doctrina importa: los acontecimientos históricos del trato de Dios con las personas en la historia y, sobre todo, su acción salvadora de gracia en Cristo, tienen un significado universal que la Iglesia articula a través de sus formulaciones doctrinales basadas en las Escrituras. Así, decir que Cristo murió es afirmar un hecho histórico; decir que Cristo murió por nuestros pecados es doctrina. La historia y la doctrina están, por tanto, unidas de forma inseparable.

La propia conclusión de Machen —dramáticamente expuesta, pero con la que no puedo estar en desacuerdo— es que, "sin estos dos elementos [de la historia y de la doctrina], reunidos en una unión absolutamente indisoluble, no hay cristianismo". Este punto básico, la inseparabilidad de la fe y la historia, proporciona un referente vital para quienes se dedican a la tarea de la teología cristiana. Abandonar cualquiera de las dos es, en efecto, renunciar a la fe cristiana histórica, y —antes de que alguien tenga la tentación de tachar a Machen de fundamentalista anticuado— no es simplemente la opinión de Machen, sino nada menos que la opinión que expresa la propia Biblia.

La lección es dura, sobre todo para los profesores y estudiantes que vivimos y trabajamos en el entorno académico. La separación entre la fe y la historia se ha convertido en un axioma básico dentro de ciertas tradiciones del quehacer teológico, y esto se ha extendido inevitablemente al entorno eclesiástico más amplio, en el que líderes eclesiásticos de alto nivel han jugado mucho, en las últimas décadas, a negar que la cuestión de la historicidad de, por ejemplo, la resurrección, tenga alguna relevancia para su significado teológico.

Sin embargo, debemos tener absolutamente claro lo que está en juego aquí: la esencia del propio cristianismo. La historicidad de un acontecimiento como la resurrección es absolutamente axiomática para el cristianismo, y no es sólo Machen quien lo afirma, sino nada menos que el propio apóstol Pablo. Basta con acudir a 1 Corintios 15 para ver lo que Pablo considera las consecuencias de la negación de la resurrección:

Si no hay resurrección de los muertos, entonces ni siquiera Cristo ha resucitado. Y si Cristo no ha resucitado, nuestra predicación es inútil y vuestra fe también.

Pablo continúa: si Cristo no ha resucitado, entonces él, Pablo, es un falso testigo, y, más aún, debe ser compadecido por encima de todas las personas como alguien que ha construido su vida sobre una falsa esperanza. Pablo considera que el hecho histórico, la resurrección física de Cristo, y la verdad doctrinal, la salvación y la resurrección general que esperan todos los creyentes, están tan estrechamente unidos que no se puede negar la primera sin negar la segunda. Esta es una enseñanza difícil. Como mínimo, significa que cualquier sistema de pensamiento que niegue la historicidad de la resurrección física de Cristo se ha excluido efectivamente de cualquier derecho al título de cristiano. Está bastante claro que Pablo no consideraba la diferencia entre él y los que negaban la resurrección como una diferencia de énfasis o de dos enfoques diferentes del cristianismo. No. Era la diferencia entre el verdadero testigo y el falso testigo, entre los que tienen una verdadera fe cristiana y los que no la tienen. Este es el punto que Machen reafirmó con tanta elocuencia en *Cristianismo y liberalismo*, y que todos nosotros, profesores y estudiantes por igual, necesitamos recordar una y otra vez si queremos ser testigos fieles de Cristo a través de nuestro trabajo.

Esto no significa, por supuesto, que los cristianos deban ser oscurantistas y no tratar de interactuar e incluso aprender de aquellos cuyos puntos de vista que son antitéticos al evangelio. La mejor teología cristiana nunca se ha refugiado en un gueto y se ha dedicado simplemente a un monólogo de autoafirmación.

Los primeros padres de la Iglesia, los grandes escolásticos de la Edad Media, los reformadores y, tal vez de forma suprema, los puritanos, se relacionaron con el entorno intelectual más amplio. Sólo hay que pensar en el uso que hizo Agustín de Platón, en la interacción de Aquino con Aristóteles, en el compromiso de

Calvino con Cicerón y en el interés de John Owen por Maimónides para ver que la ortodoxia cristiana, en el mejor de los casos, siempre ha tratado de comprometerse con el pensamiento no cristiano e incluso de apropiarse de él cuando era posible sin traicionar el Evangelio. El desafío actual es hacer lo mismo, pero de una manera que resista las presiones casi insoportables de difuminar los límites, que todos sentimos en un mundo posmoderno que se deleita en el pluralismo, la diferencia y su propia marca peculiar de tolerancia. Estas presiones provienen de diversas fuentes. Por un lado, la política eclesiástica hace que algunos de nosotros no estemos dispuestos a decir lo obvio sobre los líderes eclesiásticos que niegan la resurrección física; por otro lado, la mera amabilidad de algunos teólogos nos hace sentir incómodos a la hora de criticar sus puntos de vista, para que no parezca que hemos lanzado un ataque personal de miras estrechas contra personas que, por lo demás, son perfectamente decentes; para el estudiante, por supuesto, la necesidad de apaciguar a un supervisor que es, con toda probabilidad, hostil al cristianismo ortodoxo, puede resultar un motivo irresistible para tomar atajos doctrinales.

Y para los estudiosos, la necesidad de integrarse en la comunidad académica puede ser igualmente seductora, especialmente hoy en día, cuando el evangelicalismo puede, con sólo un poco de modificación y moderación, convertirse en algunos contextos en un buen movimiento profesional y comprarse un lugar en la mesa posmoderna. Estas presiones no son de extrañar y ninguno de nosotros puede ser complaciente y confiar en sus propias fuerzas.

Por eso debemos tener muy claro lo que está en juego: la reputación, el dinero, las calificaciones, la posición son deseables —y ninguna es mala en sí misma— pero ¿a qué precio? La unidad de la historia y la doctrina que se encuentra en el corazón del Evangelio de Pablo tiene consecuencias eternas, para los que la afirman y, no lo olvidemos, para los que la niegan; y permitir la legitimad fundamental de los puntos de vista de los que niegan, por ejemplo, la resurrección física, es de hecho hacer de nosotros mismos falsos testigos de la verdad que todas las personas, los teólogos liberales y los líderes radicales de la iglesia, así como nuestros vecinos de al lado, necesitan desesperadamente escuchar.

El cristianismo es un escándalo –siempre va a ser una tontería para los sabios en su propia sabiduría– y debemos tener cuidado de que la credibilidad en cualquier ámbito en el que trabajemos no se compre a costa de evacuar al cristianismo precisamente de esos elementos escandalosos que constituyen su propia esencia, ya sea por cambios lingüísticos como el de "resurrección" a "acontecimiento pascual" (como señaló Gerald Bray en un reciente ensayo en *Themelios*), o por la admiración, el respaldo o la apropiación acrítica de las opiniones de quienes no piensan en negar los fundamentos mismos de la fe.

Como epílogo a estas reflexiones, añado una anécdota personal: un amigo y yo tuvimos el privilegio de pasar recientemente una semana enseñando y predicando en Rumanía. El domingo comí con un anciano en una pequeña granja en el campo. Durante la cena se supo que había pasado cinco años en las minas de uranio bajo el régimen comunista por sus creencias cristianas, por su convicción de que Cristo murió en la cruz y resucitó.

Es extraño, pero mientras me contaba su historia, ni la política de la iglesia, ni la reputación personal, ni la credibilidad académica parecían ya tan importantes.

Para algunas personas, el precio de la fidelidad es algo más alto que para los líderes eclesiásticos, los académicos y los estudiantes del Reino Unido. Ni que decir tiene que no tuve que preguntar a aquel hombre si las creencias evangélicas eran importantes o no. Las creencias sí importan —especialmente las escandalosas— y debemos tener cuidado de esforzarnos por hacer que nuestro evangelicalismo sea demasiado respetable.

CAPÍTULO 2: ¿QUÉ PUEDEN CANTAR LOS CRISTIANOS MISERABLES?

Muchos de nosotros despreciamos las enseñanzas sobre salud, riqueza y felicidad de los televangelistas estadounidenses y de sus perniciosos homólogos británicos, como una blasfemia escandalosa. La idea de que el cristianismo, en cuyo centro se encuentra el Siervo Sufriente, el hombre que no tenía dónde reclinar la cabeza, y el que fue obediente hasta la muerte –incluso hasta la muerte en la cruz–, se utilice para justificar la codicia idolátrica de los occidentales acomodados, sencillamente resulta increíble. De hecho, esta escuela de pensamiento es tan despreciable que no voy a desperdiciar preciosos centímetros de columna en *Themelios* dignificándola con una respuesta razonada.

Sin embargo, existe el peligro real de que estas enseñanzas heréticas se hayan filtrado en la vida evangélica de forma imperceptible pero devastadora, afectando no tanto a nuestra teología como a nuestro horizonte de expectativas. Vivimos, después de todo, en una sociedad cuyos valores son precisamente los de la salud, la riqueza y la felicidad.

Fíjense en la cantidad de dramas y documentales médicos que hay en la televisión: ¿no es nuestra obsesión por la profesión médica una función de nuestra obsesión por la salud? Escuche a los políticos: Los nuevos ministros de economía laboralistas dicen que quieren recompensar a los que "asumen riesgos". ¿Se refieren a los hombres y mujeres que trabajan en los barrios marginales con los drogadictos, que se oponen valientemente al control paramilitar de sus comunidades en el Ulster en Irlanda del Norte, que van a zonas de conflicto y se juegan la vida, que corren "verdaderos riesgos"?

Por supuesto que no. Se refieren a los empresarios y a los "creadores de riqueza", a menudo aquellos cuyo único motivo (sea cual sea la retórica altruista) es el beneficio personal y cuyos únicos "riesgos" son las especulaciones financieras irresponsables en las que se complacen con los ahorros y las pensiones ganadas con esfuerzo por otros. Estos son los falsos "tomadores de riesgo" que la sociedad debe aparentemente priorizar y recompensar con exenciones fiscales, gongs y estatus social.

Si los que realmente corren riesgos necesitan dinero, siempre pueden hacer cola con sus cuencos para pedir limosna ante el Ministerio de la Avaricia, también conocido como la Lotería Nacional, y tomar su turno con el resto de los inútiles de la sociedad y las causas de segunda clase. Y fíjese en la verdadera explosión del ámbito de los litigios y las indemnizaciones: antes, la indemnización estaba vinculada a la pérdida de ingresos; ahora, aparentemente, está vinculada a la pérdida de comodidad y felicidad, con todos los casos judiciales triviales que inevitablemente conlleva. Salud, riqueza y felicidad: las tres obsesiones modernas, los tres ídolos modernos. ¿Cuál es la posición de la Iglesia en todo esto? ¿Dónde nos situamos nosotros, como cristianos individuales, en relación con lo que está ocurriendo? Se podría escribir un enorme tomo sobre el tema, pero, dentro de los límites de este editorial, limitaré mis observaciones a una o dos "pruebas de fuego".

En primer lugar, analicemos el lenguaje contemporáneo de la adoración. Ahora bien, la adoración es un tema difícil y, siendo un tipo amante de la paz y que siempre se mantiene alejado de la controversia, no me gustaría decir nada controvertido en este momento sobre los méritos relativos de los himnos y los coros, de los órganos y las bandas de música, etc.

Habiendo experimentado –y generalmente apreciado– la adoración en todo el espectro evangélico, desde el carismático hasta el reformado, me preocupa menos la forma de la adoración que su contenido. Así, me gustaría hacer una sola observación: los salmos, el himnario propio de la Biblia, han desaparecido casi por completo de la escena evangélica occidental contemporánea. No estoy seguro de por qué, pero tengo la sensación de que tiene más que ver con el hecho de que una gran proporción del salterio está dedicada a las lamentaciones, a los sentimientos de tristeza, infelicidad, tormento y ruptura.

En la cultura occidental moderna, estas emociones no tienen mucha credibilidad: es cierto que la gente sigue sintiendo estas cosas, pero admitir que son una parte normal de la vida cotidiana de uno equivale a admitir que uno ha fracasado en la sociedad actual de la salud, la riqueza y la felicidad. Y, por supuesto, si uno las admite, no debe aceptarlas ni asumir ninguna responsabilidad personal por ellas: debe culpar a sus padres, demandar a su empleador, tomar una píldora o ingresar en una clínica para que esas emociones disfuncionales se calmen y se recupere la imagen de uno mismo.

Ahora bien, uno no esperaría que el mundo tuviera mucho tiempo para la debilidad del llanto de los salmistas. Sin embargo, es muy preocupante que este llanto de lamentación desaparezca del lenguaje y de la adoración de la iglesia. Tal vez la iglesia occidental no sienta la necesidad de lamentarse –pero entonces se engaña tristemente sobre lo saludable que es realmente en términos de número, influencia y madurez espiritual. Tal vez –y esto es más probable– ha bebido tan profundamente del pozo del materialismo occidental moderno que simplemente no sabe qué hacer con tales lamentos y los considera poco menos que vergonzosos.

Sin embargo, la condición humana es pobre, y los cristianos que son conscientes del engaño del corazón humano y buscan un país mejor deberían saberlo. Una dieta de coros e himnos incesantemente alegres crea inevitablemente un horizonte irreal de expectativas que ve la vida cristiana normativa como una gran fiesta triunfalista por las calles –un escenario teológicamente incorrecto y pastoralmente desastroso en un mundo de individuos rotos. ¿La creencia inconsciente de que el cristianismo es –o al menos debería ser– todo salud, riqueza y felicidad ha corrompido silenciosamente el contenido de nuestra adoración?

Pocos cristianos de las zonas en las que la iglesia ha sido más fuerte en las últimas décadas –China, África, Europa del Este– considerarían que las subidas emocionales ininterrumpidas son una experiencia cristiana normal. De hecho, los retratos bíblicos de los creyentes no dan cabida a esa idea. Veamos a Abraham, José, David, Jeremías y el detallado relato de las experiencias de los salmistas. Mucha agonía, mucho lamento, desesperación ocasional –y alegría, cuando se manifiesta– es muy diferente del triunfalismo espumoso que ha infectado tanto a nuestro cristianismo occidental moderno.

En los salmos, Dios ha dado a la Iglesia un lenguaje que le permite expresar incluso las agonías más profundas del alma humana en el contexto de la adoración. ¿Nuestro lenguaje contemporáneo de la adoración refleja el horizonte de expectativas de la experiencia del creyente que el salterio propone como norma? Si no es así, ¿por qué no? ¿Se debe a que los cómodos valores del consumismo de la clase media occidental se han infiltrado silenciosamente en la iglesia y nos han hecho considerar tales lamentos como irrelevantes, vergonzosos y signos de abyecto fracaso?

Una vez sugerí en una reunión de la iglesia que los salmos deberían tener una mayor prioridad en la adoración evangélica de la que generalmente tienen, y una persona indignada me dijo en términos inequívocos que esa opinión delataba un corazón que no tenía interés en la evangelización.

Por el contrario, creo que es la exclusión de las experiencias y expectativas de los salmistas de nuestra adoración –y, por tanto, de nuestro horizonte de expectativas– lo que ha paralizado en gran medida los esfuerzos evangelizadores de la iglesia en Occidente y nos ha convertido a todos en duendecillos espirituales. Al excluir de su adoración los lamentos de soledad, despojo y desolación, la Iglesia ha silenciado y excluido de hecho las voces de los que están solos, despojados y desolados, tanto dentro como fuera de la Iglesia. Al hacerlo, ha respaldado implícitamente las aspiraciones banales del consumismo, ha generado un cristianismo insípido, trivial e irrealmente triunfalista, y ha confirmado sus impecables credenciales como club para los complacientes.

En el último año, he preguntado a tres públicos evangélicos muy diferentes qué pueden cantar los cristianos miserables en la iglesia. En todas las ocasiones, mi pregunta ha suscitado risas estruendosas, como si la idea de un cristiano con el corazón roto, solitario o desesperado fuera tan absurda que resultara cómica, y eso que planteé la pregunta con toda seriedad. ¿No es de extrañar que el evangelicalismo británico, desde el reformado hasta el carismático, sea casi por completo un fenómeno cómodo de la clase media?

También se podría observar el contenido de las oraciones: las que hacemos en privado y las de la reunión de la iglesia. ¿Con qué frecuencia oraron Abraham, Moisés y Pablo por la salud, por el éxito mundano, por la felicidad y la satisfacción personal? ¿Cómo se comparan las preocupaciones de estos hombres con el contenido y las prioridades de nuestras propias oraciones? ¿Nuestras intercesiones, a pesar del piadoso relleno teológico, imitan involuntariamente las prioridades blasfemas de los Elmer Gantrys de este mundo que venden un pernicioso evangelio de salud, riqueza y felicidad?

A continuación, hay que analizar nuestras propias aspiraciones. A menudo hablo con los estudiantes de teología y les pregunto qué piensan hacer al terminar su carrera. Muchos dicen que piensan que les gustará enseñar RE,[1] algunos dicen que están deseando hacer investigación. Muy pocos dicen, en primer lugar, que quieren servir a la Iglesia.

Ahora bien, uno puede servir a la iglesia de las dos maneras mencionadas, pero ¿no es significativo que su primera reacción no sea expresarse en términos de servicio sino de satisfacción

---

[1] RE, son las siglas en ingles para Religious Education, nombre dado al departamente de estudios religiosos en Escuelas de Educación Superior en Gran Bretaña.

personal? Y la iglesia en su conjunto no es mucho mejor: grandes casas, coches de lujo, ingresos dobles, todo ello figura en los sueños de muchos de nosotros, envueltos como estamos en hacer de la comodidad y la satisfacción personal nuestro objetivo principal.

Sin embargo, no deberíamos construir nuestras vidas sobre la base de la satisfacción personal, sino sobre la visión de la abnegación y el servicio que la Biblia nos presenta. Si pudiéramos elegir, ¿qué haríamos muchos de los que participamos en el ámbito profesional de la teología, estudiantes y académicos: hablar en una reunión académica importante y codearnos con los grandes y los buenos, o hablar con el grupo de jóvenes de la iglesia? Por supuesto, muchas veces podemos hacer ambas cosas, pero ¿qué pasaría si tuviéramos que elegir? La respuesta hablará de forma elocuente de dónde está guardado nuestro verdadero tesoro. ¿Acaso el evangelio de nuestra propia ambición personal no ha eclipsado el evangelio del servicio sacrificado? Es la fidelidad, no la felicidad o la reputación mundana, el criterio del éxito cristiano.

La Iglesia en Occidente está atrapada en una vorágine de decadencia. Se podría sugerir toda una serie de formas de superar esta situación. Algunos sugieren que tenemos que ser más "posmodernos" en nuestra adoración; otros sugieren que tenemos que repensar cómo se comunica el evangelio. Confieso mi escepticismo ante estas propuestas, no porque sean demasiado radicales, sino porque no son lo suficientemente radicales. Reducen las causas del declive al nivel de la metodología o la sociología y ofrecen remedios relativamente indoloros para lo que es, si somos sinceros, una enfermedad muy grave, incluso terminal.

De hecho, quienes ven el problema exclusivamente en estos términos no hacen más que replicar el tipo de soluciones que la propia cultura de la salud, la riqueza y la felicidad propondría: en la cultura del consumo, el cristianismo es un producto y, por tanto, las malas ventas pueden superarse con una nueva gestión, un mejor envasado y un marketing más astuto.

Ahora bien, no estoy sugiriendo que los sociólogos y los posmodernos no tengan nada útil que decirnos –debemos, por supuesto, tener cuidado de presentar el Evangelio de manera que la sociedad pueda entenderlo (aunque describirlo como "sentido común" en lugar de "posmoderno", "posevangélico" o "poscualquier cosa" parecería, en general, menos pretencioso y ofuscador)–, pero debemos recordar que reducir las dificultades del cristianismo occidental al nivel de la mala técnica es errar en el blanco: el verdadero problema es, en última instancia, de moralidad, no de metodología.

Simplemente, la iglesia evangélica ha vendido su alma a los valores de la sociedad occidental y se ha prostituido ante el Becerro de Oro del materialismo. Nuestra decadencia actual no es, pues, en última instancia, simplemente el resultado de la secularización; es, en última instancia, el resultado del juicio activo de Dios sobre esa secularización. Hemos comprado la idolatría de los valores seculares de la salud, la riqueza y la felicidad, y hasta que todos, tanto a nivel individual como corporativo, nos demos cuenta de ello, nos arrepintamos y nos entreguemos en un servicio doloroso y sacrificado al Señor que nos compró, no veremos ninguna mejora.

¿Cómo podemos hacerlo? En primer lugar, aprendamos de nuevo a lamentarnos. Lee los salmos una y otra vez hasta que tengas el vocabulario, la gramática y la sintaxis necesarias para exponer tu corazón ante Dios en forma de lamento. Si lo haces, tendrás los recursos necesarios para afrontar tus propios momentos de sufrimiento, desesperación y angustia, y para seguir adorando y confiando incluso en los días más negros.

También desarrollarás una mayor comprensión de los compañeros cristianos cuyas agonías de, por ejemplo, el duelo, la depresión o la desesperación, les dificultan a veces brincar en éxtasis cantando "Jesús me quiere como un rayo de sol" un domingo por la mañana; y tendrás cosas más creíbles que decir a esos individuos destrozados y rotos –ya sean directores de banco agotados o drogadictos deprimidos– a los que puedes ser llamado a ser testigo de la misericordia y la gracia incondicionales de Dios para los que no son amados ni queridos. Porque así, como dice la Biblia, fueron algunos de ustedes...

En segundo lugar, trata de hacer que las prioridades de las oraciones bíblicas sean las prioridades de tus propias oraciones. Puedes leer toda la sociología de moda y las publicaciones posmodernas que quieras, y puede que te den valiosas ideas técnicas, pero a menos que tus estudios, tu predicación, tu vida en la iglesia, tu vida familiar, de hecho, toda tu vida, estén empapados de oración y reflejen las prioridades de la Biblia, no te servirán de nada ni a ti ni a nadie.

Y, por último, en cuanto a las ambiciones personales y los proyectos de vida, "tu actitud debe ser la misma que la de Cristo Jesús: El cual, siendo por naturaleza Dios, no consideró el ser igual a Dios como algo a lo que aferrarse, sino que se despojó a sí mismo, tomando la naturaleza de siervo, hecho semejante a los hombres. Y hallándose en forma de hombre, se humilló a sí mismo y se hizo obediente hasta la muerte, y muerte de cruz".

CAPÍTULO 3: ¡LOS MARCIONITAS HAN ATERRIZADO!

Cuando uno se pregunta quién es uno de los pensadores más influyentes en la iglesia evangélica moderna, podría pensar en nombres como Jim Packer, John Stott y Don Carson. Sin embargo, me gustaría sugerir que hay uno cuya influencia es quizás mucho mayor de lo que somos conscientes, y cuyo pensamiento prácticamente impregna la iglesia evangélica moderna: Marción. Es el hombre que se lleva mi voto por la influencia más profunda en el evangelicalismo, desde el canon hasta la teología y las prácticas de culto. Nunca se ven sus libros en las estanterías de las librerías cristianas de la calle; nunca se le anuncia como predicador en la iglesia local; pero ten por seguro que su espíritu acecha esas librerías y púlpitos.

Marción es −o, mejor dicho, era− una figura un tanto oscura, y la mayor parte de lo que sabemos de él procede de la hostil pluma de Tertuliano. Al parecer, era un nativo del Ponto (en tiempos modernos, la zona junto al Mar Negro), que floreció a mediados del siglo II, y murió hacia el año 160. Su principal rasgo distintivo fue su insistencia en que el evangelio cristiano es exclusivamente de amor, hasta el punto de que llegó a rechazar por completo el Antiguo Testamento y a aceptar sólo con reservas las partes del Nuevo Testamento que consideraba coherentes con su tesis central (es decir, diez cartas de Pablo y una recensión del Evangelio de Lucas).

Entonces, ¿cómo influye Marción en el evangelicalismo moderno? Bueno, creo que el evangelicalismo se ha convertido prácticamente en marcionita en varios niveles.

En primer lugar, el énfasis en el amor de Dios, con exclusión total de todo lo demás, se ha convertido en una especie de lugar común. Lo vemos en el colapso de la noción de sustitución penal como doctrina evangélica. Ahora, tal vez me estoy perdiendo de algo, pero de todas las cosas que se enseñan en la Biblia, la aterradora ira de Dios parecería estar entre las más evidentes de todas.

Por eso, cuando escucho declaraciones de teólogos evangélicos como "la ira de Dios es siempre restauradora", mi mente se dirige directamente a innumerables pasajes del Antiguo Testamento, a las enseñanzas de la Biblia sobre Satanás y a personajes del Nuevo Testamento como Ananías y Safira. No hubo mucha restauración para ninguna de estas personas —¿o es que ser tragado vivo por la tierra, consumido por el fuego sagrado y ser golpeado hasta la muerte por engañar a la iglesia son realmente técnicas terapéuticas destinadas a restaurar a los individuos en cuestión?— Y cuando los principales evangélicos me dicen que la sustitución penal equivale a un abuso cósmico infantil (no se rían, algunos teólogos evangélicos importantes lo sostienen seriamente), me quedo pensando si debo sentarme y explicarles la doctrina, o si simplemente debo decirles que se vayan y crezcan. ¿Esperan realmente que la Iglesia se tome esas afirmaciones como una reflexión teológica seria?

Además, existe la tendencia constante a descuidar el Antiguo Testamento en particular en nuestras reflexiones teológicas y en nuestra vida devocional, que deben tener en cuenta el Antiguo Testamento en su totalidad. Debemos leer la Biblia como un todo, para entender cada pasaje, cada versículo, dentro de la estructura teológica y narrativa del canon en su conjunto. Como evangélicos, a menudo podemos equivocarnos al centrarnos únicamente en la enseñanza doctrinal directa de las cartas del Nuevo Testamento y en los grandes pasajes del Evangelio de Juan.

Un amigo y experto en el Nuevo Testamento me dijo una vez que pensaba que la vida del evangélico medio no se vería afectada si toda la Biblia, excepto el Evangelio de Juan y la Carta a los Romanos, simplemente desapareciera. Puede que sea una hipérbole, pero probablemente no por mucho. Necesitamos una teología *bíblica* sólida, no una que rebaje todo al nivel de la economía a expensas de la ontología, sino una que tenga plenamente en cuenta la narrativa central de la Biblia y que intente hacer justicia incluso a las partes de la Biblia que no nos gustan.

Entonces, en nuestra práctica eclesiástica, debemos tomar más en serio el Antiguo Testamento. Me asombra, dado el uso abrumador de los salmos como elemento central de la adoración congregacional en los cuatro primeros siglos, la importancia absoluta que se dio a la salmodia durante los dos primeros siglos de las iglesias reformadas posteriores a la Reforma, y el hecho de que el Libro de los Salmos es el único libro de himnos que puede pretender ser universal en su aceptación por toda la cristiandad y totalmente inspirado en todas sus afirmaciones, me asombra, digo, que se canten tan pocos salmos en nuestros servicios de adoración hoy en día.

Es más, a menudo nada parece ganarse más el desprecio y la burla de los demás que la sugerencia de que se canten más salmos en la adoración. De hecho, en los últimos años, varios escritores se han pronunciado en contra de la salmodia exclusiva. Dado que la vida es demasiado corta para entrar en polémicas inútiles, me pregunto de qué universo paralelo proceden estos tipos, en el que el problema más acuciante y peligroso del culto es claramente que la gente canta *demasiado* de la Biblia en sus servicios. ¡Qué perspectiva tan aterradora sería esa! Imagínense: gente cantando canciones que expresan toda la gama de emociones humanas en su adoración, utilizando palabras de las que Dios ha dicho explícitamente "¡Éstas son mías!". Sin embargo, aquí en el planeta Tierra, en la mayoría de las iglesias evangélicas hay muy pocas posibilidades de sobrecargar la teología con canciones, ya que la invasión de Marción es prácticamente total y sin oposición en la esfera de la adoración. Sin embargo, yo prefiero a Atanasio antes que a Marción como pensador patrístico y, en su carta a Marcelino, da uno de los argumentos más bellos y conmovedores a favor de los salmos en el culto que jamás se hayan escrito.[1] Es una lástima que no se hayan tomado en serio sus palabras.

¿Cuáles serán las consecuencias a largo plazo de este enfoque marcionita de la Biblia? En última instancia, creo que empujará al "Dios que está ahí" de vuelta al reino de lo incognoscible y convertirá a nuestro dios en una mera proyección de nuestra propia psicología y nuestro culto simplemente en sesiones de terapia de grupo en las que todos nos reunimos para fingir que nos sentimos bien.

Dios es el Dios de Abraham, Isaac y Jacob, si le quitamos esa identidad, ¿qué nos queda? Como el Antiguo Testamento es el contexto del Nuevo Testamento, el descuido del Antiguo

---

[1] Disponible en www.athanasius.com/psalms/aletterm.htm

Testamento deja al Nuevo más o menos sin sentido. Como nuestras lecturas, nuestros sermones y nuestros momentos de adoración corporativa descuidan y, a veces, simplemente ignoran el Antiguo Testamento, podemos esperar un empobrecimiento general de la vida de la iglesia y, finalmente, un colapso total de la cristiandad evangélica.

De hecho, hay mañanas en las que me despierto y pienso que ya se ha acabado todo, y que la iglesia en Occidente sobrevive más por la pura fuerza de la personalidad, por la exageración y por las estratagemas de marketing que por un poder superior. Necesitamos comprender una vez más quién es Dios en su plenitud; necesitamos comprender quiénes somos nosotros en relación con él; y necesitamos una enseñanza y una adoración que den expresión completa a estas cosas —y esto sólo vendrá cuando en Occidente crezcamos, abandonemos los dioses diseñados que construimos a partir de nuestra Biblia selectiva en la que el consumidor, y no el Creador, es el rey, y demos a toda la Biblia el lugar que le corresponde en nuestras vidas, pensamiento y adoración.

Piensa en Dios de forma limitada y obtendrás un Dios limitado; lee una Biblia recortada y obtendrás una teología recortada; canta basura superficial y sin sentido en lugar de una alabanza profunda y verdaderamente emotiva y te convertirás en lo que cantas.

CAPÍTULO 4: UN REVOLUCIONARIO ACTO DE EQUILIBRIO: ¿POR QUÉ NUESTRA TEOLOGÍA DEBE SER UN POCO MENOS "BÍBLICA"?

Habiendo pasado mis días de estudiante universitario a los pies de un antiguo historiador marxista que, a día de hoy, sigue siendo uno de los profesores más brillantes e inspiradores que he tenido el privilegio de conocer, desde entonces me ha interesado en cierto modo la noción de revolución. En la filosofía marxista, la revolución tiene lugar cuando el movimiento del capital ha creado tales tensiones sociales que el grupo "a cargo", por así decirlo, es desplazado por aquellos a quienes han gobernado previamente.

Así, los señores feudales son desplazados por la burguesía, la burguesía por el proletariado —a menos, por supuesto, que la sociedad se encuentre en el Lejano Oriente (pero esa es otra historia, y otra de esas excepciones que, al menos para los fieles, confirman la regla). Sin embargo, mi propio interés por las revoluciones es ligeramente diferente. Como historiador intelectual comprometido con el estudio de las ideas y sus funciones en el contexto histórico, y con el papel de la autocomprensión en la formación de culturas y movimientos, me fascina el problema al que todos los revolucionarios exitosos deben enfrentarse en última instancia: la transición de rebeldes con estatus de a con estatus de *los de fuera* (*outsiders*), *los del establecimiento* (*establishment*), *los de dentro* (*insiders*). Este es, por supuesto, uno de los temas de la maravillosa sátira de George Orwell, *Rebelión en la granja* (Animal Farm). Aquí, el paso de animal a humano es tan perfecto que los protagonistas no son conscientes de qué está ocurriendo hasta que, en la última escena, no se puede distinguir entre el cerdo y el humano.

Pero esto afecta a todas las revoluciones: ¿cuándo dejan los revolucionarios de librar las batallas del pasado? ¿Cuándo se dan cuenta de que su agenda debe cambiar, de que el péndulo debe girar en la dirección opuesta? ¿Cuándo las ideas útiles que aportan a situaciones concretas no se convierten en simples ideas, sino en ideologías abrumadoras y exclusivas que les impiden ver realidades más amplias y que distorsionan fundamentalmente su percepción de la realidad y sus respuestas a ella?

La cuestión es especialmente apremiante en lo que respecta a la teología y a la iglesia, porque la necesidad de equilibrio es absolutamente crucial para que la iglesia pueda dar testimonio de la verdad de Dios al mundo, y el hecho de no decir todo el consejo de Dios es una debilidad crítica en nuestro testimonio como cristianos. El problema es, por supuesto, que la historia teológica de la iglesia es una historia de revoluciones, generalmente impulsadas por preocupaciones correctas, pero que necesitan ser sometidas a la crítica escrutadora de la Palabra de Dios.

La cuestión que me preocupa especialmente en este momento es lo que podría llamar la crisis de la teología sistemática. No me refiero, por supuesto, a la crisis de la teología sistemática en el ámbito universitario. Sin una base epistemológica u ontológica coherente que la mantenga unida, la disciplina universitaria hace tiempo que se ha convertido en un revoltijo incoherente de cursos del tipo "Teología y...", en los que uno inserta su propia preocupación o interés particular, ya sea la mujer, la ecología, la política, el vegetarianismo o los dibujos animados de Tom y Jerry. Oye, es un mundo posmoderno, los dibujos animados son tan dignos de tiempo y energía como los niños hambrientos, y el factor unificador de nuestras disciplinas, si es que lo hay, debe encontrarse en nuestros propios pequeños universos, no en el Dios de la revelación.

No, me refiero a la crisis de la teología sistemática en las iglesias. Ahora bien, creo que es cierto que hace unos cincuenta años en el Reino Unido había un problema importante en lo que respecta a la predicación: si se hacía, a menudo era poco más que lugares comunes piadosos o, en círculos muy conservadores, una reiteración sin vida de la tradición. Una de las grandes revoluciones de la Iglesia ha sido que esto ya no es así.

La buena predicación y enseñanza, aunque todavía no es universal, es más común que antes. Tenemos que agradecer a los Lloyd-Joneses, a los Stotts, a los Packers y a los innumerables líderes eclesiásticos menos famosos pero no menos competentes. Más recientemente, también tenemos el movimiento bíblico-teológico/redentor-histórico del Moore College, difundido por grupos como el Proclamation Trust, que ha servido, quizás más que cualquier otro movimiento en los últimos años, para transformar la forma en que las iglesias leen y enseñan la Biblia. Se podría decir, de hecho, que si Lloyd-Jones lideró la revolución que devolvió la predicación al centro del evangelicalismo británico, el movimiento de teología bíblica ha liderado la segunda revolución que ha devuelto la atención cuidadosa a la exégesis centrada en Cristo al centro de la predicación.

Ahora bien, todo esto es bueno y hay que acogerlo, y todo lo que digo en el resto de este editorial debe leerse en ese sentido. Mi pregunta, sin embargo, es: ¿se han convertido los revolucionarios en el nuevo *establishment*, y estamos, por lo tanto, dejando de lado cuestiones de importancia crucial al convertir las ideas válidas de la predicación bíblico-teológica en ideologías que excluyen otros énfasis necesarios? Planteo la cuestión porque me parece, al cruzarme con estudiantes en los Estados Unidos y el Reino Unido, que muchos de ellos tienen una buena comprensión de la teología bíblica. Entienden que la Biblia contiene una narrativa, que esta narrativa culmina en Cristo, y que esto impone ciertas exigencias en la forma de exégesis de cualquier pasaje.

El problema actual no es el de hace diez, veinte o cincuenta años, cuando la exégesis pietista de fantasía y el doctrinalismo no exegético se disputaban el protagonismo en la Iglesia (o eso nos dicen); se trata, más bien, de que el triunfo de la teología bíblica ha sido tan completo en algunos sectores que ahora tenemos que darnos cuenta de que este nuevo *establishment* podría estar generando sus propios problemas.

Bueno, ¿qué hay de malo en un enfoque bíblico-teológico, te preguntarás? Nada, en sí mismo. Pero la forma en que se aplica, yo sugeriría que a veces ha sido menos que útil. En primer lugar, está el problema de la mediocridad. Una cosa es que un maestro de la teología bíblica la predique semana tras semana, y otra muy distinta que lo haga un seguidor con menos talento. Todos conocemos el viejo chiste acerca del fundamentalista cristiano que, cuando le preguntaron qué era gris, peludo y vivía en un árbol, respondió que "seguro que suena como una ardilla, pero yo sé que la respuesta a cada pregunta es 'Jesús'".

Uno de los problemas que tengo con una dieta incesante de sermones bíblico-teológicos de predicadores con menos talento (es decir, la mayoría de nosotros) es su aburrida mediocridad: contorsiones artificiales de los pasajes que se dedican a producir la respuesta "Jesús" cada semana. No importa cuál sea el texto; el sermón es siempre el mismo.

En segundo lugar, el triunfo del método bíblico-teológico en la teología y la predicación ha tenido el alto precio de un descuido de la tradición teológica. La Iglesia dedicó casi mil setecientos años a una cuidadosa reflexión doctrinal; a formular un lenguaje técnico que permitiera a sus teólogos expresarse con precisión y claridad; a redactar credos y confesiones que permitieran a los creyentes de toda la faz de la tierra expresarse con una sola voz; y a luchar largo y tendido con aquellos aspectos de Dios que debían ser verdaderos para que el registro bíblico fuera coherente o tuviera algún sentido.

La teología sistemática clásica se enseñaba sistemáticamente, no porque estuviera divorciada de la exégesis (ningún erudito de la Edad Media o de los siglos XVI y XVII sostendría algo tan ridículo, aunque la afirmación se escucha con frecuencia en los círculos populares), sino porque la Iglesia tenía una firme comprensión de la necesidad de una enseñanza clara, una confianza en la unidad sustancial de la revelación de Dios y una profunda apreciación de la necesidad de ir más allá de las

226 ESCRITOS CRÍTICOS SOBRE EL EVANGELICALISMO

cuestiones económicas si se quería que existiera algo así como la ortodoxia y que se defendiera de manera coherente.

La economía de la historia de la salvación, en la que el movimiento de la teología bíblica es tan bueno, siempre estuvo cuidadosamente equilibrada por una juiciosa reflexión sobre los aspectos ontológicos de Dios que sustentaban toda la vida y la historia de la Iglesia.

Mi mayor preocupación con el movimiento de la teología bíblica es que pone un énfasis tan abrumador en la economía de la salvación que descuida estos aspectos ontológicos de la teología. Al hacerlo, creo que en última instancia será contraproducente: una economía divina sin una ontología divina es inestable y se derrumbará.

El trinitarismo se disolverá en el modalismo; la unidad teológica de la Biblia será engullida y destruida por su diversidad porque no tiene fundamento en el único Dios que habla; y el exclusivismo cristiano será sacrificado a un pluralismo sin sentido, ya que la narrativa de la iglesia se reduce a tener significado sólo dentro de los límites de la comunidad cristiana.

Sospecho que el "teísmo abierto" no es más que la herejía más conocida que se ha alimentado en el mundo antidoctrinal y antitradicional del evangelicalismo contemporáneo; sin duda no será la última. Y mi temor es que el abrumador énfasis económico de la trayectoria de la teología bíblica impida a la iglesia indagar en las cuestiones ontológicas que, en mi opinión, exigen la reflexión sobre el texto bíblico, la consideración de la tradición de la iglesia y nuestro compromiso cristiano con la noción de la existencia de un Dios que se ha revelado pero cuya existencia es anterior a esa revelación.

El problema estratégico, por supuesto, es conseguir que alguien crea que esto es así, y no sólo otra de las excéntricas y pesimistas opiniones de Trueman sobre el evangelicalismo contemporáneo. Y ese problema es realmente una función del hecho de que los antiguos rebeldes bíblico-teológicos se han convertido en el nuevo *establishment*, pero todavía no se han dado cuenta de ello y, por tanto, no han relativizado su contribución en consecuencia. Importantes ideas se han convertido en ideologías reguladoras que separan a la Iglesia de su tradición y la empobrecen.

La teología bíblica es –o más bien era– un correctivo necesario para la exégesis pietista y el doctrinalismo sin sentido, pero quien piense que estos siguen siendo los principales problemas en las iglesias evangélicas, claramente habita un mundo diferente al que yo conozco. En la mayoría de las iglesias en las que la predicación sigue ocupando un lugar central, sospecho que un énfasis excesivo en la doctrina y la teología sistemática no es el problema.

Al fin y al cabo, cuántos de nosotros vamos a iglesias en las que la naturaleza trinitaria de Dios, aunque se mantiene en nuestras declaraciones doctrinales, se deja de lado en la predicación y el culto hasta el punto de que la mayoría de nosotros somos unitarios funcionales. En mi experiencia como profesor, es la falta de conocimiento de, por ejemplo, la doctrina de la Trinidad, más que la perplejidad sobre cómo predicar un sermón cristiano sobre David y Goliat, lo que constituye hoy el problema más acuciante.

Año tras año, enseño la historia de la doctrina cristiana; y, año tras año, no sólo he recibido críticas de aquellos liberales para los que toda la idea de la doctrina es algo fantasiosa; también he recibido críticas de aquellos evangélicos que "sólo tienen su Biblia".

A estos estudiantes se les escapa que la Iglesia luchó durante al menos 1700 años con cuestiones de teología sistemática, no sólo con la narrativa bíblica, y que lo hizo de una manera que buscaba preservar el equilibrio entre la economía y la ontología en la proclamación de la Iglesia de Dios en Cristo. Mi temor es que el movimiento de la teología bíblica, aunque se esfuerza por volver a situar la Palabra en el centro de la vida de la iglesia, es inadecuado en sí mismo para la tarea teológica de defender y articular la fe.

Es necesario reflexionar sobre la tradición eclesiástica más amplia, credos, confesiones y todo lo demás, porque es la mejor manera de entender cómo y dónde la disciplina de la teología bíblica y la historia redentora pueden ser útiles para el panorama más amplio sin que usurpen y excluyan otras disciplinas teológicas igualmente necesarias e importantes.

El cristianismo es trinitario en su núcleo, y sospecho que la teología bíblica por sí sola es inadecuada para proteger y defender ese núcleo. Necesitamos tanto la ontología como la economía si queremos hacer justicia a la enseñanza bíblica sobre quién es Dios y qué ha hecho.

Los revolucionarios de la teología bíblica se han convertido en la nueva clase dirigente; y es hora de que los rebeldes que pensamos que la Biblia plantea algo más que cuestiones histórico-redentoras, y que la tradición credal de la Iglesia ofrece importantes perspectivas al respecto, alcemos nuestras voces en disidencia, pongamos de relieve los peligros muy reales de convertir esta perspectiva en una ideología y hagamos todo lo posible por hacer retroceder un poco el péndulo.

CAPÍTULO 5:
ABURRIRNOS DE LA
VIDA

Mientras escribo, Filadelfia está soportando la peor tormenta de nieve desde 1996, con una previsión de más de veinte pulgadas de nieve en las próximas veinticuatro horas. Aunque odio tener que dedicar tiempo a limpiar el pavimento fuera de mi casa, debo decir que estoy absolutamente encantado de que la tormenta me haya proporcionado el inesperado placer de tener un día libre en el trabajo para llevar a mi familia a montar en trineo.

Sin embargo, el temporal me ha servido para aprender algo más que mis habilidades para los deportes de invierno. Una de las imágenes más divertidas de la televisión en los últimos días ha sido la de las colas de gente en las tiendas para abastecerse de productos esenciales de invierno en caso de que se queden atrapados en sus casas durante algún tiempo.

Ahora, por "esenciales", no me refiero a alimentos, leche y otros artículos de primera necesidad. Al fin y al cabo, esto es Estados Unidos; el consumo gigantesco es prácticamente obligatorio; y el frigorífico americano promedio lleva habitualmente suficientes provisiones para alimentar a toda

África durante un mes, o a la típica familia occidental durante al menos una semana. No, me refiero a lo esencial en Estados Unidos, y las colas de las que hablo son las de la gente en los videoclubs locales que, según me informa el reportero de la televisión, se abastecen de películas para no quedarse atrapados en sus casas y aburrirse.

Mi respuesta inicial a esta joya de información fue soltar una carcajada. Ni pensar que alguna de estas personas se vea tan privada de entretenimiento preconcebido que tenga que leer un libro o (¡horror de los horrores!) hablar con otros miembros de su familia. Sin embargo, reflexionando seriamente, me doy cuenta de que el fenómeno es muy revelador, subrayando una vez más que en Occidente nos hemos convertido en una cultura decididamente basada en el entretenimiento. Sin problemas de abastecimiento de lo esencial, el mayor temor que tenemos en cualquier momento de crisis potencial es que nos veamos privados de diversión durante cuarenta y ocho horas.

El mundo del entretenimiento es un factor dominante en nuestra sociedad de consumo. Como bien saben tanto los marxistas como los detectives de la ficción pulp estadounidense, si se quiere entender cualquier situación, hay que seguir el dinero; por tanto, si se quiere averiguar lo que es importante en cualquier sociedad, simplemente hay que mirar dónde está el dinero −y no hay duda de dónde se encuentra el dinero en el Occidente de hoy: las estrellas del pop, los actores de cine, las figuras del deporte− estas son las personas que ganan el auténtico dinero en nuestro mundo.

Lo amemos o lo odiemos, el Presidente de los Estados Unidos es básicamente responsable de la seguridad y la estabilidad del mundo en su conjunto, pero gana una miseria en comparación con un futbolista o una estrella de cine de modesto talento; y la opinión pública británica expresa regularmente su indignación por los exorbitantes aumentos de sueldo de los jefes de la industria (indignación que comparto, por cierto), mientras hace un guiño a los abultados sueldos pagados a las estrellas adolescentes del deporte y del pop –sueldos que contribuyen a poner las entradas de los eventos fuera del alcance del ciudadano de a pie– y a los repugnantes honorarios de las sesiones fotográficas pagadas a alguna sórdida celebridad que se casa por enésima vez. Es un mundo extraño en el que desaprobamos al Primer Ministro un salario de seis cifras mientras seguimos patrocinando revistas que pagan a lo atractivo pero hueco cientos de miles de libras por basura sin sentido.

¿Por qué lo hacemos? Probablemente hay numerosas razones, pero un factor primordial tiene que ser el papel útil que consideramos que desempeñan los famosos en nuestra sociedad. Nos entretienen, y eso, pensamos, es algo bueno, por lo que vale la pena pagar, de hecho, vale la pena pagar más que por un buen gobierno y mejores servicios públicos. ¿Y por qué pensamos así? Una de las interpretaciones que ofrecen algunos es que, de hecho, hay una dimensión espiritual en esta cultura de la celebridad y el entretenimiento.

Las figuras del deporte, las estrellas del pop, las celebridades, nos ofrecen un significado y una realización, aunque sea vicariamente, en un mundo en el que los viejos dioses de las religiones tradicionales han fracasado. Así, en su cúspide, esta cultura produce nuevas figuras mesiánicas, como Elvis o John Lennon, e íconos, como James Dean, David Beckham y la princesa Diana. Se argumenta que la deificación de estas figuras en la cultura moderna indica que hay algo innato en el ser humano que lucha por la trascendencia, por algo más allá de la rutina de la vida cotidiana.

Esta es una forma de ver el fenómeno, que goza de gran popularidad en algunos sectores evangélicos. Sin embargo, hay otra forma de enfocar este asunto, una forma que recibe su más clara articulación en el pensamiento del gran pensador francés, Blaise Pascal. Pascal vivió en un mundo que se caracterizaba tanto por su increíble ajetreo como por su apetito, al menos entre la élite social, por el placer y el entretenimiento. Pascal calificó este fenómeno de *distracción*. La distracción es la producción de entretenimiento con el propósito de alejar la mente de las realidades más profundas de la vida. En un famoso párrafo de los *Pensées*, se pregunta por qué incluso los reyes tienen entretenimientos triviales organizados para su diversión. Puede entender, dice, que los pobres disfruten de algún que otro baile para distraerse de la miserable vida cotidiana, pero ¿por qué un rey, glorioso y poderoso, rodeado de pruebas de su propia grandeza, necesita entretenimientos triviales? La respuesta es que, abandonado a su suerte, sin nada que le distraiga, pensará en sí mismo y en la realidad de la muerte que le espera.[1]

Con toda seguridad, esto es precisamente lo que ocurre en la cultura contemporánea del espectáculo y la celebridad. ¿Por qué pagamos más a las estrellas del deporte, a los actores y a las diversas cabezas huecas que pueblan las ondas de transmisión que a nuestros líderes políticos? Porque nos ayudan a alejarnos de las verdades más profundas y exigentes de la vida, en particular de la única gran e inevitable verdad: la muerte. Y no es sólo la industria del entretenimiento la que lo hace: la enorme cantidad de dinero que se gasta en la industria de la salud en general y en la de la cirugía estética en particular también nos señala el impulso básico de la sociedad para evitarla a toda costa.

---

[1] Blaise Pascal, *Pensées*, trad. Honor Levi (Oxford: World's Classics, 1995), 48-49.

Como dice el propio Pascal, "es más fácil soportar la muerte sin pensar en ella, que la idea de la muerte cuando no hay peligro de ella".[2] Pascal va más allá, argumentando que no sólo el entretenimiento, o la distracción, sirven a este fin mayor de autoengaño; incluso el desorden social y burocrático de nuestro comercio diario en este mundo tiene un significado similar. Esto lo describe no como distracción sino como "diversión". Permítanme citarlo extensamente al respecto:

> Desde la infancia se les confía el cuidado de su honor, de sus bienes, de sus amigos, e incluso de los bienes de sus amigos. Se les llena de deberes, de la necesidad de aprender idiomas y ejercicios. Se les hace creer que nunca serán felices si su salud, su honor y sus bienes, y los de sus amigos, no están en un estado satisfactorio, y que si uno de los elementos está mal, serán infelices. Por eso se les asignan oficios y deberes que los mantienen ocupados desde el amanecer.[3]

Esto se relaciona con la distracción en el sentido de que ambos trabajan juntos para llenar la vida de hombres y mujeres con trivialidades efímeras, de modo que el tiempo que queda después de esas diversiones se dedica al entretenimiento y al placer. Para expresar la idea en forma moderna: una vez que se ha pasado la mayor parte del día lidiando con la pesadilla que es el lugar de trabajo moderno, se llega a casa y se enciende la televisión o se va al cine, entreteniéndose o proyectando alguna fantasía en una figura célebre.

---

[2] *Pensées*, 49.
[3] *Pensées*, p. 49.

Entonces, cuando temes quedarte atrapado en tu casa por la nieve, por ejemplo, tu primera preocupación es asegurarte de que el suministro de entretenimiento preempaquetado no se agote, no sea que el aburrimiento de tu aislamiento forzado te obligue a pensar en tu condición mortal. Sólo así podrá evitar enfrentarse a su propia mortalidad. Pascal termina el pasaje con una frase que, traducida literalmente, dice "Qué hueco y lleno de excrementos está el corazón del hombre", lo que significa "Cómo llenamos nuestras vidas de basura en lugar de reflexionar sobre las auténticas verdades". Preferimos gastar tiempo y dinero en chatarra que dedicar un solo momento a pensar hacia dónde va realmente nuestra vida.

Pascal no está diciendo, por supuesto, que el entretenimiento sea malo en sí mismo, como tampoco es ilegítimo el trabajo duro o la preocupación por el bienestar de la familia. Aunque él mismo vivió una vida ascética bastante rigurosa, su objetivo no es prohibir todo el placer, sino criticar el uso del entretenimiento como una forma de distraer a los hombres y mujeres de las realidades de la vida. El placer y la diversión son cosas buenas, pero cuando se convierten en medios para evitar que nos enfrentemos a las verdades de nuestra existencia como criaturas, son profundamente malas para nosotros.

Este enfoque le da un cariz muy diferente al mundo moderno. La obsesión por el sexo, por las drogas, por el culto a las celebridades, por los cultos extraños y maravillosos, e incluso por el consumo y las compras ostentosas, no son signos de una búsqueda profunda de sentido espiritual, de intentos de llenar algún vacío religioso en unas vidas que, de alguna manera, sabemos que son incompletas en sí mismas; en lugar de ser signos esperanzadores de la espiritualidad innata de la humanidad, son, de hecho, los últimos intentos de la humanidad por evitar precisamente cualquier forma de verdadera espiritualidad. No representan un esfuerzo mal informado en busca de la verdad y el sentido, sino esfuerzos patéticos para fingir que no vamos a morir y enfrentarnos al juicio; son, en definitiva, actos que buscan suprimir la verdad en la injusticia y evitar las demandas de Cristo, en quien se revela la plena realidad tanto del juicio como de la gracia de Dios.

De ahí la importancia del aburrimiento. Desprovisto de diversiones y distracciones, el individuo no tiene más remedio que reflexionar sobre sí mismo, la realidad de su vida y su futura muerte. La cultura humana ha demostrado ser experta a lo largo de los siglos en evitar las afirmaciones de Cristo y las verdades de la existencia humana reveladas en él; y el estado burocrático moderno, la inestabilidad y la inseguridad del entorno laboral, la industria del entretenimiento y la sociedad de consumo en la que nuestra opulencia occidental moderna nos permite complacernos, juegan su papel en impedirnos reflexionar sobre la realidad tal y como nos la ha revelado Dios.

Tomemos, pues, tiempo para aburrirnos, para despojarnos de las pantallas que hemos creado para ocultar a nuestros ojos las auténticas verdades de la vida y de la muerte. Dediquemos menos tiempo a tratar de apropiarnos de la cultura para el cristianismo y más tiempo a deconstruir la cultura a la luz de las reivindicaciones de Cristo sobre nosotros y el mundo que nos rodea. Sólo entonces, creo, comprenderemos realmente la urgencia de la situación humana. Y si vuelve a nevar, no alquiles un vídeo; lee un ejemplar de los *Pensées* de Pascal.

CAPÍTULO 6: POR QUÉ NO DEBERÍAS COMPRAR
"The Big Issue"

Cuando se publique esta edición de *Themelios*, el ruido y el dramatismo del debate sobre la homosexualidad en la Iglesia anglicana probablemente se habrán calmado un poco, aunque podemos estar seguros de que sólo será una tregua temporal.[1] El tema no va a desaparecer pronto, y es poco probable que las pasiones, que son profundas en ambos lados del debate, disminuyan con el tiempo. De hecho, para muchos en la iglesia, es sin duda el gran tema de nuestro tiempo.

Todo esto es, por supuesto, un regalo para los medios de comunicación. Una confesión cristiana abiertamente dividida contra sí misma; interminables apariciones en televisión de hombres de aspecto torpe con atuendos ridículamente anticuados que hacen que tus abuelos ancianos parezcan modistas de vanguardia; y la interminable palabrería y la jerga teológica sin

---

[1] "The big issue", podría traducirse como "El gran asunto"; o "La ultima gran novedad". "The big issue" es una revista británica a nivel popular, de venta en las calles, enfocada en reproducir noticias relacionadas con la farándula, política, entretenimiento, etc. Trueman no se refiere literalmente a no comprar la revista "The big issue", sino más bien a no creerse "la última novedad como si fuera la más grande", sino ver las cosas desde una perspectiva más amplia.

sentido para el publico que parecen no servir para nada más que para enturbiar los puntos básicos en cuestión –todo esto ayuda a los hombres y mujeres que nos traen las noticias a retratar a la iglesia como irrelevante para el mundo de hoy, poco más que un giro tragicómico para la sección "Y finalmente..." de las noticias nocturnas.

Y si el anglicanismo ha recibido una paliza, otras denominaciones británicas principales también han sido vapuleadas, y sus desafortunados líderes se ven irremediablemente fuera de juego cuando se enfrentan a unos medios de comunicación despiadados y astutos.

En este clima, hay una pregunta que debe hacerse, y no a los medios de comunicación o a los liberales dentro de estas iglesias –ambos grupos son, en el fondo, bastante fáciles de entender. Los propietarios de los periódicos, los magnates de la televisión y todos sus subordinados están en el negocio de la buena copia. Si se vende, entonces vale la pena informar; y el sexo, en particular cuando se trata de sexo gay y se añade la religión, vende más que la mayoría. En cuanto a los teólogos liberales, hace tiempo que juegan a bautizar y santificar al día de hoy las normas morales y sexuales del mundo de ayer, condenándose así a estar siempre al menos veinticuatro horas desfasados.

No, la pregunta que hay que hacerse es: ¿Por qué el asunto sobre la enseñanza bíblica de la homosexualidad se ha convertido en el "puente demasiado grande para cruzar" como para que las principales denominaciones evangélicas tomen una postura firme sobre el mismo? Ahora, no me malinterpreten –ciertamente considero que la legitimación de las relaciones homosexuales por parte de cualquier iglesia o denominación va totalmente en contra de las claras enseñanzas de las Escrituras; pero, admitámoslo, la moralidad sexual no es lo único, ni siquiera lo principal, que enseñan las Escrituras; y en el pasado hemos tenido obispos anglicanos que han negado la deidad de Cristo, su expiación sustitutiva, su resurrección y la autoridad final y única de sus Escrituras, por nombrar sólo cuatro de los puntos más fundamentales de la ortodoxia cristiana de parvulario. Sin embargo, pocos, si es que hay alguno, en las líneas principales parecen haber considerado estas cuestiones como un asunto de "poner o callar".

Dada la larga existencia de todo tipo de herejías dentro de las iglesias tradicionales, tengo que confesar que estoy tan confundido como muchos en el movimiento gay por el histrionismo evangélico que rodea la cuestión de las enseñanzas bíblicas sobre la homosexualidad: si todo tipo de blasfemia es aceptable en la iglesia en estos días, ¿por qué hacer de la homosexualidad *la* cuestión por la que luchar? De hecho, estos días me encuentro en la extraña situación de tener que estar de acuerdo con muchos de los críticos homosexuales de la postura de los evangélicos en las denominaciones principales. El estatus único que los evangélicos parecen haber decidido conceder a la homosexualidad hace que el mundo en general vea que sus motivos no son los del cuidado coherente de la ortodoxia cristiana, sino la homofobia pura y dura.

Aparentemente, podemos vivir con obispos anglicanos que argumentan en contra de la divinidad de Cristo; pero no debemos tolerar a aquellos obispos que argumentan a favor de la homosexualidad. Ahora bien, conozco personalmente a muchos de los implicados en la lucha dentro de la iglesia anglicana, y sé que no son homófobos; pero imagínense cómo se presenta la situación actual a los no iniciados, a los forasteros que no conocen el funcionamiento interno del mundo evangélico británico: se parece sospechosamente a un prejuicio básico contra los homosexuales más que a una preocupación seria por la ortodoxia cristiana.

Cómo se ha llegado a tal estado de confusión e histeria es una historia compleja y enrevesada; pero es difícil no concluir que la situación ha puesto de manifiesto graves debilidades en el frente popular evangélico de las principales denominaciones que han conducido, sin duda inadvertidamente, a un testimonio cristiano irremediablemente confuso e incoherente sobre cuestiones doctrinales centrales, como la resurrección, y sobre importantes cuestiones éticas, como la homosexualidad.

En primer lugar, si somos sinceros, hay una tendencia en todos nosotros a tener una actitud hacia la ortodoxia que es algo parecido a "dada la verdad, ¿qué puedo hacer? ¿Cómo puedo retorcer las cosas para permitirme salir de algunos de los aspectos personalmente más inhibidores o culturalmente más embarazosos de la fe cristiana?". Durante décadas, los evangélicos hemos estado dando vueltas como peonzas a cuestiones como la autoridad de las Escrituras, la muerte de Cristo, la naturaleza del liderazgo eclesiástico, etc., de forma que se reconoce suficientemente el vocabulario tradicional sobre estas cuestiones para mantener contentos a los grupos de interés, las bases de poder y los patrocinadores evangélicos, pero que realmente abren la posibilidad de desviarse significativamente de las trayectorias ortodoxas del uso y la intención de dicho lenguaje, especialmente cuando queremos parecer eruditos, tolerantes, ilustrados, modernos o lo que sea ante el mundo en general.

Lo triste es que, cuando el vocabulario desarrollado por la Iglesia a lo largo de muchos años para hacer afirmaciones precisas y claras sobre ciertos asuntos llega a adoptar posteriormente significados muy vagos y a menudo indeterminados, el escenario está preparado para la anarquía lingüística y teológica. Ya no podemos oponernos a la heterodoxia y a la herejía, ni determinar qué cuestiones son primarias y cuáles secundarias, porque hemos destruido el propio vocabulario conceptual que podíamos utilizar para tal fin.

También se podría añadir en este punto que la sobrecarga hermenéutica en algunas ramas del evangelicalismo contemporáneo, irónicamente, no sólo ha inyectado un poco de modestia cultural e histórica apropiada en nuestros esfuerzos teológicos, sino que con frecuencia sólo ha servido para hacer de la Biblia un libro más oscuro, vago y complicado que nunca, siendo el insidioso "¿Dijo Dios realmente...?" un resumen más preciso de la enseñanza que se escucha en algunos sectores evangélicos que el profético "Así dice el Señor..." *Hemos sembrado el viento lingüístico; y ahora estamos sintiendo las primeras ráfagas frías del torbellino herético.*

En segundo lugar, la falta de una reflexión adecuada sobre la doctrina de la iglesia en los círculos evangélicos ha tenido una serie de consecuencias muy desafortunadas. Aquellos que ven la vida cristiana en términos individuales, que se ven a sí mismos, o a su congregación individual, como el centro del universo teológico, están condenados a hacer de sus asuntos personales, o de los de su congregación particular, los problemas más importantes a los que se enfrenta el cristianismo.

Lo vemos más claramente en la aversión moderna a firmar credos o declaraciones doctrinales. A menudo decimos que esto se debe a que "no tenemos más credo que la Biblia"; pero en la práctica suele ser porque no queremos someternos a ninguna forma de autoridad o escrutinio público, prefiriendo nuestras propias interpretaciones individuales, muy a menudo mal informadas, y no pocas veces idiosincrásicas, de las Escrituras.

El resultado es, con demasiada frecuencia, un cristianismo de "seleccionar y mezclar" en el que cada uno cree lo que es correcto a sus propios ojos. Si nos tomáramos más en serio los grandes credos y confesiones de la Iglesia a lo largo de los siglos, al menos tendríamos una idea de lo que la Iglesia ha considerado durante milenios como sumamente importante y necesario para una correcta comprensión de la Biblia.

En tercer lugar, el grito de guerra de "¡Solo exégesis, exégesis, y exégesis!" que escucho provenir de algunos sectores del mundo evangélico también tiene sus defectos aquí. Por supuesto, la exégesis es un elemento básico de toda teología sólida; pero, si solo tienes los cimientos o el armazón de una casa, y si eso es todo lo que hay, te vas a mojar, a mojar mucho, cuando llueva. Esto puede conducir a un enfoque fragmentario de la Biblia que nunca ve el cuadro completo, o las prioridades que existen dentro del testimonio general de las Escrituras.

Puede ser profundamente antiintelectual, evitando todas las cuestiones que no plantea una lectura superficial del texto. Su frecuente incapacidad para elevarse a la síntesis teológica y ética, y para comprometerse modesta y reflexivamente con las prioridades de las trayectorias credales y confesionales de la Iglesia, la deja inadecuada para tratar cuestiones realmente importantes en cualquier tipo de perspectiva histórica, social o eclesiástica.

La exégesis es importante, pero debe estar en relación con otras tareas teológicas y éticas si no quiere ser la base de una política eclesiástica muy inestable, selectiva e incoherente. Los predicadores, al igual que los creyentes, tienen sus prioridades de selección y mezcla, contra las que el testimonio de los siglos, encarnado en los credos y confesiones, puede ayudar de alguna manera.

Por lo tanto, no debería permitirse a nadie acercarse a un millón de millas de un púlpito a no ser que tenga un respeto adecuado por la teología bíblica en términos de la historia global de la redención, así como una comprensión firme de la importancia de la teología sistemática, los credos y las confesiones, y un manejo crítico de la cultura contemporánea. Sólo así podrá empezar a tratar el "big issue" [último gran tema] con alguna perspectiva bíblica, teológica e histórica.

Permítanme ser sumamente claro en este punto: considero que cualquier movimiento de las iglesias para reconocer como legítima la unión sexual de parejas homosexuales y lesbianas está en completo desacuerdo fundamental con la clara enseñanza de las Escrituras. Es una gran ofensa a la santidad de Dios y, además, es pastoralmente cruel e insensible en grado sumo, negando efectivamente a los implicados la posibilidad de arrepentirse del pecado y del amor y la gracia de Dios.

También considero que ocupar un cargo en una iglesia liderada por parte de alguien que se ha comprometido abiertamente a vivir en una relación homosexual es una parodia de la enseñanza de Pablo sobre las cualidades necesarias para los llamados a dirigir la congregación de los santos. Pero, por otra parte, *también* considero que la negación de la resurrección de Cristo, la destrucción de la autoridad bíblica, la infame burla de la muerte de Cristo, y el pisoteo casual de cualquier número de verdades teológicas cardinales también están en pleno desacuerdo con las Escrituras y son igual de crueles e insensibles.

Para mí, la homosexualidad no es *el gran* problema; es más bien un síntoma de nuestro fracaso en estas otras áreas; y tratar esto como una especie de Cubo Rubicón es malinterpretar las señales de los tiempos. Estudia Romanos 1: la homosexualidad no es una *provocación* para el juicio de Dios, no, sino más bien es una *señal* del juicio de Dios. No piensen que los evangélicos del hemisferio norte nos estamos hundiendo en la sartén teológica a causa de la homosexualidad. No, los problemas que enfrentamos con la homosexualidad indican que el proceso de colapso y decadencia ya está en marcha desde hace muchos años. Por lo tanto, no puedo gastar enormes energías y emociones en este síntoma en particular; creo más bien que tenemos que profundizar y abordar las cuestiones fundamentales que nos han llevado a este lamentable paso. La única gran cuestión en esta época, como en cualquier otra, es la realidad de Jesucristo; y las iglesias de Gran Bretaña, y también de los Estados Unidos, han permitido que hombres y mujeres que niegan esta realidad ocupen los púlpitos durante décadas; ¿se sorprenden entonces nuestros líderes evangélicos de que, habiendo permitido la existencia de una crueldad pastoral tan suprema durante tanto tiempo, todas las demás áreas fundamentales de la enseñanza bíblica estén siendo enviadas gradualmente al vertedero de cloaca teológica?

Y para aquellos que no están de acuerdo y piensan que el desacuerdo sobre la enseñanza bíblica sobre la homosexualidad es lo *más* importante, el momento de "hacerlo o morir" de la iglesia; bueno, son libres de hacerlo. Pero pasen algún tiempo reflexionando sobre cómo, cuando los amigos homosexuales les pregunten por qué la homosexualidad es *el* gran problema de la iglesia el día de hoy, van a responderles de una manera que al menos parezca coherente con el cristianismo histórico y no parezca simplemente el resultado de una homofobia irracional. Mi consejo: no te creas el gran problema tal y como el mundo o gran parte del liderazgo evangélico actual de las principales corrientes intenta vendértelo. Piensa bíblicamente, con Cristo en el centro de tu pensamiento.

POSDATA: EL EVANGELICANISMO A TRAVÉS DEL ESPEJO: UN CUENTO DE HADAS

Mientras Alicia caminaba por la carretera, vio, sentada en lo alto de una valla, a una extraña criatura de aspecto más bien parecido a un huevo.

"Qué curioso pareces", le dijo al hombre. "¿Qué clase de persona es usted?"

"Mi nombre", dijo el huevo, "es Humpty Dumpty. ¿Y cuál es el tuyo, por favor?"

"Alicia", dijo Alicia. "¿Y por qué te sientas tan alto en esa valla?"

"Mi tarea es la protección de la verdad del evangelicalismo a través de la preservación de la comunión y la paz entre las personas que viven a ambos lados de esta valla".

"Es muy interesante", dijo Alicia. "Dígame, ¿qué entiende exactamente por evangelicalismo?"

"Me refiero a todos aquellos de cualquier país que están de acuerdo con los fundamentos del cristianismo, que Dios es soberano, que la humanidad cayó en Adán, que la justificación es por gracia a través de la fe mediante la imputación de la justicia de Cristo. Cosas así". Humpty resopló y miró al cielo. "Qué preguntas tan infantiles", murmuró para sí mismo. "Más y más curioso", dijo Alicia. "Nunca he oído hablar de estas cosas. ¿Quizás te gustaría explicármelas?".

"Hmm", refunfuñó Humpty, no acostumbrado a ser sometido a un interrogatorio tan descarado. "Estoy muy ocupado, pequeña, pero, como eres tan ignorante, intentaré iluminar tu oscuridad. Decir que Dios es soberano es decir que Dios tiene el control total de todo lo que sucede, que conoce el pasado, el presente y el futuro. También es, me alegra decirlo, una definición lo suficientemente amplia como para incluir la afirmación de que Dios no tiene el control total de las cosas y que, aunque conoce el pasado y el presente, tiene algunos puntos ciegos graves cuando se trata del futuro. En cuanto a la Caída, significa que cuando Adán desobedeció a Dios en el Jardín, todo el estatus de la humanidad cambió, que fue expulsado del Jardín y que todos los que descienden de él están sujetos a evitar siempre la presencia de Dios en cada oportunidad. Me complace anunciar que todos estamos completamente de acuerdo con esto, excepto, por supuesto, los que piensan que Adán nunca existió y que la humanidad está esencialmente sana. Sin embargo, los fundamentos de la posición son comunes a los habitantes de ambos lados de esta valla. En cuanto a la justificación por imputación, significa que nos presentamos ante Dios revestidos únicamente de la justicia de Cristo y que sólo cuando confiamos en Dios se nos otorga esta condición de justicia. Hay absoluta unanimidad en esto - excepto, por supuesto, que ningún lector inteligente de la Biblia en el otro lado de la valla realmente lo cree ya. Sin embargo, esto no socava nuestra unidad en el tema".

Alicia, algo perpleja, miró al extraño hombre con forma de huevo. "¿Pero no es un disparate decir que quienes están en tan fundamental desacuerdo pueden ponerse de acuerdo en una fórmula de palabras? ¿No es necesario que las palabras puedan significar una cosa y también su opuesto completo?"

"Vaya, vaya, eres una niña ingenua, ¿no?", dijo Humpty. "¿Nunca te han dicho que el significado sólo está en la mente del lector, no en el texto?"

"Confieso, señor", dijo Alicia, "que he escuchado tales argumentos, pero siempre he sentido que, en el ámbito del cristianismo, que sostiene la idea de un Dios que ha hablado, y de un Padre celestial amoroso que es del tipo que no dará a sus hijos una piedra si piden pan, tal posición de dos caras era menos que bíblica. Y de hecho, ¿no es cierto que para cualquier persona, especialmente un cristiano, afirmar públicamente la creencia en algo en lo que no cree realmente, es un acto carente de integridad personal? Lo que usted propone indica que hay un vacío moral en el corazón de su posición".

"Olvidas", rió Humpty, "que la integridad personal de un hombre es el fundamentalismo de mente estrecha de otro. Y lo que tú llamas tan ofensivamente 'vacío moral', yo lo llamo 'amplitud cristiana bíblica' o, mejor aún, 'un sólido intento de revisar la teología cristiana para el mundo posmoderno de la Generación X'. No hay que ser tan intolerante. Lo importante es *actuar* como un cristiano. Ahora, por favor, llévate tu santurrón extremismo fundamentalista a otra parte".

Alicia, muy disgustada por la última burla, le gritó al huevo: "Señor, usted juega conmigo. ¿Acaso actuar como un cristiano no implica ante todo ser honesto con lo que uno cree y no decir una cosa mientras hace otra para ganar una plataforma, una audiencia o credibilidad? No está utilizando estas palabras con su significado correcto".

"Cuando *yo* utilizo una palabra", dijo Humpty Dumpty en un tono bastante despectivo, "significa justo lo que yo decido que signifique, ni más ni menos".

"La cuestión es", dijo Alicia, "si *puedes* hacer que las palabras signifiquen cosas diferentes".

"La cuestión es", dijo Humpty Dumpty, "cuál va a ser el amo, eso es todo".

"¿Y quién *es* el amo?" gritó Alicia. "¿A quién debes rendir cuentas?"

Humpty Dumpty se inclinó todo lo que pudo sin perder su asiento en la valla y le dio una palmadita en la cabeza a Alicia.

"Mi querida, querida jovencita, ten por seguro que *yo* soy el amo y ciertamente no las palabras mismas. Y yo y mis amigos no tenemos que rendir cuentas a nadie, y menos a una jovencita tan ingenua e insolente como tú".

"Ten cuidado, Humpty", advirtió Alicia. Esa valla es muy estrecha y podrías caerte si insistes en intentar hacer justicia a los que estamos a ambos lados".

"Tonterías", gritó Humpty. "Sea lo que sea que entiendas por 'estrecho', yo lo veo muy amplio y con mucho espacio para todos". Pero, si me caigo, no temas, no tengo intención de caer en tu lado de la valla. Tu visión de las palabras es tan estrecha y tu visión de la integridad tan anticuada, tan bibliolátrica, tan – tan– *racionalista*, que me temo que nunca encontraré una valla en la que sentarme en tu país".

Alicia sintió que un escalofrío le recorría la espalda. "En eso", dijo, "podemos estar de acuerdo los dos".

Alicia esperó un minuto para ver si él volvía a hablar, si deseaba que ella se quedara, si se daba cuenta de la incoherencia básica de su posición, pero como él no abrió los ojos ni se fijó más en ella, dijo "¡Adiós!" y, al no obtener respuesta a esto, se alejó tranquilamente; pero no pudo evitar decirse a sí misma mientras se alejaba: "De todas las personas insatisfactorias que he conocido...".

No llegó a terminar la frase, pues en ese momento un fuerte estruendo sacudió el bosque de extremo a extremo.

ÍNDICE DE NOMBRES

DISPONIBLE PRÓXIMAMENTE